中国高等院校"十二五"
精品课程规划教材

U0643784

透视学

PERSPECTIVE

滕翔宇 \ 主编

李鹏　王宏火　王一婷 \ 编著

中国青年出版社

CONTENTS
目录

CHAPTER 3
平行透视

CHAPTER 4
成角透视

CHAPTER 6
俯视透视与仰视透视

CHAPTER 5
倾斜透视

CHAPTER 7
人物透视

CHAPTER 8
曲线透视

CHAPTER 9
阴影透视

CHAPTER 11
透视的应用

CHAPTER 10
反影透视

CHAPTER 1

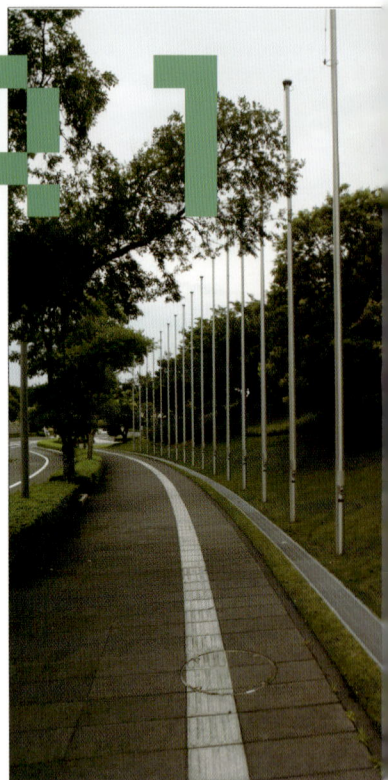

概述

我们在日常生活中广泛地接触透视现象，很多习以为常的事情却并未真正的了解。一切认识都遵循着"疑问—了解—学习—应用"的过程，学习透视学也正是要从整体了解透视开始。

▌课题概述

本章主要讲解透视的相关概念、历史发展，并在此基础上着重介绍它对各个时期艺术设计进步产生的影响。本章将为系统学习透视学打下坚实基础。

▌教学目标

正确理解透视的相关概念，并与现实生活中的现象联系起来。熟悉透视发展的历史并掌握中西透视发展的主要特点和异同。

▌章节重点

掌握透视的相关概念及在发展过程中对设计的影响。

1.1 透视的基本概念

人类在视觉领域经历了长期艰苦的探索，通过经验的累积，渐渐形成了透视这门独立学科。透视究竟是什么呢？带着这样的疑问我们开始本率的学习吧。

1.1.1 什么是透视

"透视"一词源于拉丁文"Perspicere"（看透），中文意思即"透而视之"。不难看出"透"与"视"被紧密地结合在一起，"透"为"视"的先决条件，"视"为"透"的实际目的。我们在生活中也常遇到这种情况，比如坐在窗前看窗外的风景，就是透过平面窗去观察世界；再如坐在火车中看车厢外的景色，也是如此。所以开篇提到的"透而视之"，其实质就是通过更直观记录而形成的观察方式，即透过透明平面使三维物体投影到这个二维平面上，即透视。

透视作为一个常用术语，它所表达的语义并不十分具体和明确，若想在不同语境中准确表达明确的释义，还要了解透视现象、透视学及透视图这三个概念。

在我们的生活中，眼睛观察到的事物千差万别，这个世界存在着不同颜色、大小、形状的各种物体，即使外形基本相同的物体，由于远近、方位的不同，也会在视觉上形成不同影像，这种现象就是透视现象（图1-1至图1-4）。

图1-1 凡尔赛宫园林

图1-2 棠樾牌坊

图1-3 广州镇海楼

图1-4 梦舞台

透视学是研究透视现象的原理及其内在规律后加以分析研究应用学科。它对透视现象系统分析研究，从而形成了一门独立学科，在生活中用途非常广泛，只要眼睛与物体间发生关系就多多少少都会有透视学原理的用武之地。而其中最频繁使用的就是用二维平面表现或说明三维物像，将三维二维化最常见的例子便是绘画或写生（图1-5）。也正是掌握了这种的规律，才使得西方的绘画具有极强的说服力，成为当今世界最有影响力的艺术表现形式。

图1-7 毕沙罗的《蒙马特大街》

图1-8 圣拉查尔火车站

图1-9 建筑速写

图1-5 透视写生示意图

图1-6 萨尔瓦多·达利的《加特港的圣母》

在二维平面上客观表现三维形象的图画即透视图（画）。它运用了透视原理和几何原理，其中用来表现艺术作品的称为透视画（图1-6至图1-9），表现或应用于设计的则习惯称为透视图（图1-10至图1-16）。

1.1.2 透视三要素

若要在透视图（画）中产生透视现象则必须具备以下三个条件，即透视三要素。

（1）视点（眼睛）

视者眼睛的位置，是透视的主观条件也是透视的主体。

（2）画面

形成图像的载体。

（3）物体

透视的对象是构成透视图的依据。

图1-10 景观规划效果图

图1-11 建筑速写

图1-12 建筑速写

图1-13 建筑设计效果图

图1-14 室内设计效果图

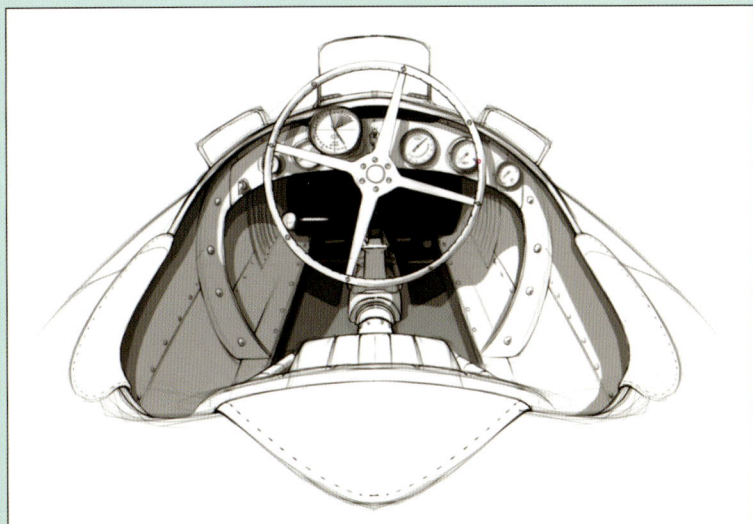

图1-15 汽车手绘效果图

图1-16 工业设计3D效果图

在古希腊时期，哲学家阿纳萨格罗斯就对透视及透视图的要素有所阐述，他说："在图中，线条应该依照自然的比例，使其相当于从眼睛，即固定视点引向物体各点的光线穿过中间假想平面所描绘的图像。"其中他提到的假想平面，我们可以当做竖立在眼睛与物体间的透明玻璃板，即"画面"。眼睛（此刻作为一个点考虑）到物体之间的视线通过画面时的交点，并将其有序描绘，就是该物体的透视图（画），此刻的眼睛即"视点"（图1-17）。

1.1.3 透视的类型

西方传统透视学理论实际上是狭义透视学，相对于广义透视学来说（如斜透视法、重叠法等），它的学术体系较为完整，应用更为广泛。

文艺复兴时期，对人文精神的倡导使得当时众多杰出人士都努力将智力的创造性活动融入艺术创作当中，也正是那个时期以线性透视（又称焦点透视）为基础的透视学开始被系统研究并加以实践，所以以线性透视为代表的狭义透视学成为了学科体系的核心内容。

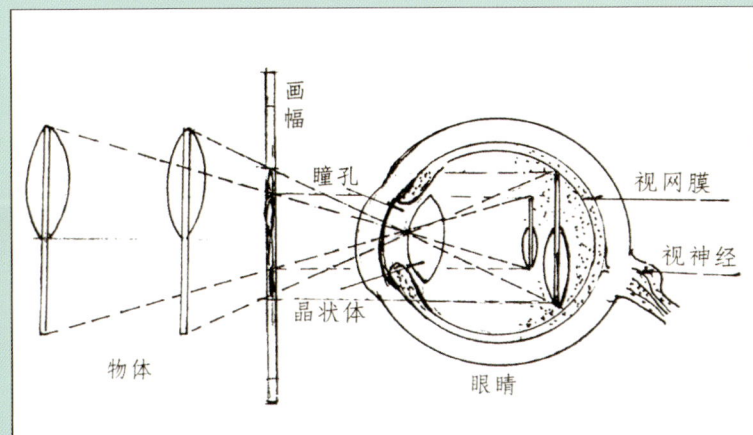

图1-17 透视三要素示意图

图1-18 神庙柱廊

文艺复兴三杰之一的达·芬奇将透视类型归纳为三种，即线性透视、大气透视、隐没透视，这也成了狭义透视学的基本分类。这个分类也是对物体的形状、色彩、体积这三个主要属性在视觉活动中产生的变化规律的总结。

1. 线性透视

在一定范围内，向无限远处延伸的平行线会随距离推远而不断聚拢，并最终集于一点的现象称为线性透视，又称焦点透视。线性透视是本书研究的重点。

我们都曾有过这样的经验：眺望笔直的街道，街道远处的一切都会向着视域内的一点汇聚，街道上的汽车、路灯等物体也会随着与你距离的增大而在视觉上不断变小，最终消失于一点（图1-18至图1-21）。

2. 大气透视

物体受空气的阻隔而造成自身色彩基本要素变化，进而影响该物体视觉空间深度变化的现象称为大气透视，又称色彩透视。

由于空气中水分、杂质的阻碍及折射，物体会随着距离的增大而改变原有色彩的色相、纯度、明度，变得灰、淡、偏蓝。可见，大气透视在距离越大、空气湿度越高、杂质越多的情况下，其变化会越显著（图1-22至图1-23）。

3. 隐没透视

物体由于距离增加而造成明暗对比和清晰度减弱的现象称为隐没透视，又称消逝透视。

由于人的视觉功能存在一个极限，所以在物体渐远且视角不断变小的过程中，人的视效会不断衰减，物体在视觉影像中也就

图1-19 香榭丽舍大道

图1-20 欧式园林

图1-21 线性透视示意图

图1-22 日出印象

图1-23 迦太基帝国的衰落

图1-24 隐没透视示意图

图1-25 长城鸟瞰

图1-26 道路

逐渐失去细节，视像显得越来越模糊，甚至渐渐隐去（图1-24至图1-26）。

1.2 西方透视学发展简述及产生的影响

在漫长的人类发展过程中，即使最微小的进步都饱含了人类的智慧与期待。人们在实践中不断探索，只为找到他们渴求的那种生活。

人类，目前是这个星球上最为智慧的生物。但这种智慧也并非与生俱来，它是人类勤劳的天性所造就，人们用不同的方法记录着身边的一切信息和经验，经年累月代代传承。绘画就是这众多手段之一，也是人类较为原始和本能的一种记录方式，它几乎伴随着人类迄今为止绝大多数的发展历程，人们利用这种方式将三维空间的物体记录在二维平面上，对透视的认识和应用也就成了不可回避的问题。

透视的发展就是人类处理视觉信息技巧和能力的发展。人们追求世界实质的本能不断对人的实践提出更高要求，这就像是一台永不熄火的发动机，驱使着人类不断地认识和发现。随着对世界认识的积累加深，人类也渐渐学会更理性地分析自己所处的世界，透视发展也正是基于这种理性思维之上。思维的进步带动科技发展，科技全面开启了人类面向真理世界的大门，很多长久以来的经验在科技影响下得到实现，迅速走向成熟。可以说，透视发展是人类认识世界的进步，也是人类理性思维能力发展和科技发展的果实。

1.2.1 萌芽期

远古时期，人们对自然规律的认识和把握都处于摸索阶段。在岩画和洞穴画中，原始人大量描绘了他们生活中的场景，这些描绘不仅记录了他们的生活，也体现了人类对自身不具备和不理解事物的崇拜和追求，比如力量、速度、生殖……这其中也包含了对空间的感受。他们通过大小、重叠、方位变换等排列方式解释自己对空间的理解，可以看出当时他们对空间感表现初见端倪（图1-27至图1-29）。

这个时期的透视基本处于萌芽阶段，没有实质性的进展，但这段时期的漫长积累却为日后对它的研究和应用打下了坚实基础，这段时期人们所产生的疑惑也将直接成为日后探寻的不竭动力。

图1-27 法国拉斯科岩洞壁画

图1-28 西班牙阿尔塔米拉岩画

图1-29 西班牙阿尔塔米拉岩画（细部）

图1-31 古埃及壁画（一）

图1-32 古埃及壁画（二）

图1-33 古埃及壁画（三）

图1-30 托莫斯四世墓壁画

1.2.2 形成期

透视经历了一个漫长的形成期，它经历了古埃及、古希腊和古罗马阶段，并且跨越了黑暗的中世纪，直到文艺复兴之前人们对世界的认识仍存在极大局限性，绘画中表达物体和空间的关系也处于初级阶段，人们更习惯表达细节和气势，而不是空间感觉的真实。

1. 古埃及

古埃及时期遗留下来的大量壁画和陶器上明显存在当时人们尝试还原真实空间感觉的痕迹。人们往往用物体并列及重叠排序、大小变化和方位错落等手法来表现空间关系。这样的表达手法在埃及胡夫金字塔群的规划布置上也能窥见一斑。由此看来，虽然视觉表现手法简单，但是这一时期人们已经将透视规律在实践中有意识地加以应用（图1-30至图1-33）。

2. 古希腊

古希腊时期，在众多的艺术作品中，人们延续并发展了埃及人的记录方式，西方最早的线性透视研究也起源于这里。

公元前5世纪，雅典画家阿嘎塔尔库斯为戏剧绘制舞台背景时便将远近不同的建筑场景通过凹凸等手段进行艺术化处理。这是人类历史上有迹可循的第一幅透视画，也是人类最早对灭点透视和缩短法的尝试与探索。可以说这段时期的透视发展很大程度上要得益于古希腊蓬勃向上的文化事业，正是那个时期的人们对文艺的追求和向往才促使了艺术的发展与创新（图1-34至图1-35）。

3. 古罗马

公元前1世纪，古罗马时期建筑师维特鲁威在《建筑十书》中谈到了很多关于建筑透视原理的内容。这本书不仅是世界上第

图1-34 古希腊《阿喀琉斯与阿扎克斯战后休息》

图1-35 古希腊容器装饰画

图1-36 古罗马庞贝壁画

图1-37 古罗马奥古斯都之玉

图1-38 古罗马时期的《伊苏斯之战》

图1-39 所罗门的判决

图1-40 威尔顿双联画

图1-41 阿尔诺芬尼夫妇像

图1-42 天使与圣母领报（局部）

一本建筑著作，同时也对透视的发展和传播产生了巨大影响。维特鲁威说："由物体聚向眼睛的射线与假想的透明平面相交，形成透视图形。"这在庞贝出土的壁画中就被广泛应用（图1-36至图1-39）。

4. 中世纪

中世纪时期的透视发展像极了这个泥潭般的时代，艺术家们传承了古希腊时期线性透视的成果，他们曾尝试图用从前景到背景前后一致的深远法去营造绘画空间，但由于尺度把握不当，一直没有太理想的效果。但也正是这漫长的摸索，为下一时期积累了足够的实践资料，为透视学曙光的到来贡献了力量（图1-40至图1-42）。

透视发展的形成期对一切探索者来说都是极大的考验，人们的耐力与智慧在这个时代散发出令人钦佩的光芒。我们似乎可以隐隐约约洞察到透视和文艺发展存在着某种联系，可以想象人们对于空间的思辨需要多么强大的创造力与探索激情。探索的过程是寂寞的，好在下一个时代没有辜负他们，微弱的光芒终究成为了开启大门的钥匙。

1.2.3 发展期

文艺复兴的出现终于让透视的发展看到了曙光。当时的意大利人文浪潮涌现,提倡科学,主张个性解放,长期受到压抑的人性光辉在这个时代迅猛迸发出来,人们纷纷把眼界放开,开始对客体关注。在这个时代,意大利许多画家和科学家都开始热衷于对透视学的研究,使得透视学和解剖学成为当时绘画艺术的两大支柱。

1. 文艺复兴初期

14世纪,意大利佛罗伦萨画家乔托在他的壁画《圣弗朗西斯接受基督受难记号》中,摒弃了中世纪古板、教条、平面装饰的风格,他结合透视进行写实,用线条来表达远近明暗的变换。这种表现方式层次分明,给人耳目一新的真实感,虽然这种技法还有待完善,但他的尝试开启了文艺复兴艺术的现实主义道路,启迪了以后的探索者(图1-43至图1-46)。

图1-43乔托的《圣弗朗西斯接受基督受难记号》

图1-44 犹大之吻

图1-45 史特芳尼斯基祭坛壁画

图1-46 最后的审判

图1-47 圣三位一体

图1-48 耶稣钉刑图

图1-49 圣罗马诺之战

图1-50 纳税银

图1-51 狩猎

15世纪，意大利文艺复兴初期集建筑师、雕塑家及工艺师于一身的布鲁内莱斯基在佛罗伦萨发现了自古希腊、古罗马之后失传的中心透视法。他使布置在教堂门上的一张网，透过网格画出了佛罗伦萨教堂内洗礼堂的准确图形，从此确立了透视学的原理。他的原理体系被称为"聚向焦点"，但遗憾的是他在消失点方面的研究进展并没有在其中准确系统的论述。

佛罗伦萨画家马萨乔继承了乔托将严谨透视学和解剖学应用到绘画的传统。在他的代表作《圣三位一体》中，他用工整准确的线条画出券拱形的神龛，造就十分逼真的三维效果。他对人物的安排也严格依据透视规律，前、中、后三组人物构成清晰的递进层次，使画面空间十分真实可信，为全盛期文艺复兴绘画的科学性提供了范例（图1-47至图1-49）。同时期的乌切罗，也是透视学在绘画中应用、尝试的忠实践行者，他认为透视学的应用可以建立起世界的秩序，至少在视觉上是具有可能性的（图1-50至图1-51）。

意大利画家、建筑家、雕塑家阿尔贝蒂在透视学研究中，汲取了布鲁内莱斯基的研究成果，认为大自然是艺术创作的源泉，数学是认识自然的钥匙。1435年，他的著作《绘画论》面世，书中首次提出了绘画的数学基础是透视学。与他同一时期意大利画家弗兰西斯卡在1485年完成的著作《绘画透视学》中，准确地描述了空间透视规律。这本具有创见的著作，用数学和逻辑对透视方法做了详细阐述，为透视学奠定了严谨的数学基础。

阿尔贝蒂和弗兰西斯卡的著作，初步奠定了绘画透视学的理论基础，是对透视漫长发展的阶段性总结，也使绘画实现了在二维平面上对三维空间的表现。

2. 文艺复兴中后期（15～16世纪）

15世纪末著名画家、工程师、自然科学家达·芬奇十分注重对透视学的研究，在研究了13世纪波兰学者维太罗、阿尔贝蒂和弗兰西斯卡的研究著作后，结合自己在创作实践中的丰富经验，写出了具有代表性的著作《画论》。书中将解剖、透视、明暗、构图等多方面的知识进行了系统梳理并将其上升到理论高度，提出"透视是绘画的舵和缰"，并科学地将透视分为形体透视、色彩透视和隐没透视。《画论》的出现意味着绘画透视学被系统科学地整合起来，将欧洲绘画水平推向新的高度。达·芬奇历时三年为米兰马利亚·德拉·格拉契修道院所作的壁画《最后的晚餐》，就巧妙地运用了平行透视原理，是绘画透视理论实践的典范（图1-52至图1-56）。

16世纪德国画家、雕塑家阿尔布雷特·丢勒曾专门前往意大利学习透视学。1525年，他的著作《圆规和直尺测量法》出版，书中除了介绍科学又先进的透视画法，也用版画真实记录了当时画家们研究透视的场景、方法以及严谨的工作过程（图1-57至图1-58）。

图1-52 圣母子与圣安娜

图1-53 蒙娜丽莎

图1-54 最后的晚餐

图1-55 丽达与天鹅

图1-56 三位一体的朝拜

图1-58 博士来拜

图1-59 死去的基督

图1-60 圣体辩论

图1-61 雅典学院

图1-57 骑士、死亡与恶魔

意大利数学家戴·蒙特证明了在透视中平行线向远处延伸必然交于一点的规律，"灭点"这一专业名词就此诞生。建筑师勃拉曼特在当时第一个利用透视规律绘制了建筑效果图。但在这个时期应用在绘画或效果图中的透视原理还十分有限，基本局限于只有一个消失点的平行透视框架内。这个时期的代表作品有拉斐尔的《雅典学院》、曼泰尼亚的《死去的基督》等（图1-59至图1-61）。

文艺复兴时期是一个至关重要的纽带，连接着整个欧洲的经典文化。透视学在这个时期也是有了很大的进步，它对之前的研究进行了很好的总结，并充分借助时代的优势和特点将自身发扬光大，为透视学理论体系的成熟铺平了道路。

1.2.4 成熟期

透视在17～19世纪期间走向了完备和成熟。我们今天在绘画、制图中所用的各种透视原理方法就是这段时间梳理总结出来的。当时对它的研究范围基本囊括了我们所应用的整个透视学领域。

17世纪初，法国建筑师、数学家沙葛运用数学知识研究透视理论。他在1636年出版的《透视学》一书中，制定了几何形体投影的正确运用原则。由此，透视学开始更为广泛地应用到各个设计领域。这个时期

图1-62 绘画的寓言

图1-63 倒牛奶的女佣

图1-64 德尔夫特

图1-65 帕里斯的评判

图1-66 普赛克和爱的宫殿

图1-67 有舞者的风景

图1-69 圣马可广场

图1-70 威尼斯总督府

图1-71 萨宾妇女

图1-68 奇特的大拱廊

的代表作有维米尔的《绘画的寓言》、克洛德·洛兰的《海港的落日》等（图1-62至图1-67）。

18世纪，英国数学家泰勒出版了《线性透视学》，这本书确立了我们今天所知的一切与透视有关的原理。书中内容表现出泰勒对学习透视有独特看法，认为学习透视要掌握内在规律并以指导实践为目的。他在著作序言中写道："迄今为止的透视书都是冗长乏味的，那是因为这些著作关注绘画技法更甚几何原理……要使自己精通绘画造型，迅捷可靠的办法不是大量翻阅别人的图例，而是牢固掌握其内在透视原理，并用它们处理绘画中可能出现的各种情况。"这个时期的代表作有卡纳莱托的《圣马可广场》、大卫的《萨宾妇女》等（图1-68至图1-71）。

19世纪初，在法国学者盖斯帕尔·蒙诺所著的《画法几何学》中，把正投影作为独立学科来阐述。由于其体系的完整性，对造型艺术几何学原理的发展意义重大，从而形成了焦点透视科学体系。这个时期的代表作有籍里柯的《梅杜莎之筏》、米勒的《拾穗者》等（图1-72至图1-76）。

这个时期的透视学科学体系完全建立起来了，可以说经典透视学在这个阶段发展到了巅峰，同时也为艺术设计的全面兴起提供了制图基础和空间视觉理论依据。

图1-72 花园

图1-73 拾穗者

图1-74 梅杜萨之筏

图1-75 梦特苏丹的回忆

图1-76 牧羊群

图1-77 圣维克多山

图1-78 高脚盘、玻璃酒杯和苹果

1.2.5 思辨期

从19世纪开始，科学技术跨越式进步给人们带来了全新生活方式，并从真正意义上拓展了人类思维的深度，这些思想和观念跨越了空间、时间的界限，人们开始关注自己内心的需求。在这样独特的时代背景下，过去那种"透视"即"空间"的理念开始变化，主观意识的大规模介入使传统绘画的空间表达趋于意象化，似乎"空间"也不再只是传统意义上的"空间"，一切事物都可以在艺术作品中相互借用和表达。这极大地丰富了艺术表现语言，也将透视学在绘画中的统治地位渐渐削弱。以下几个画派比较具有典型性。

1. 后印象主义

后印象主义采用多视点来表现视觉的连贯性，它并不能满足某一瞬间的表面印象，而是追求事物内在实质，它的诞生是画家们认识新空间的转折点（图1-77至图1-78）。

以马蒂斯为代表的野兽派，作品具有极强装饰性。他习惯将形体平面化，减弱物体本身的三维特性，用鲜明简洁的颜色强调画面的生命力（图1-79至图1-80）。

图1-80 红色的和谐

图1-79 舞蹈的人

2. 超现实主义

这一流派并没有放弃运用透视，而是将各种透视结合起来，将原本不可能同时发生或同地发生的，甚至完全不可能发生的事物同构于一处。为了使画面效果更加真实，往往每一种透视都运用得比较精确，这是典型的用空间引导精神和心理的流派（图1-81至图1-82）。

3. 立体主义

立体主义相对于之前的画派，对绘画的哲学思考更加深入。他们认为，绘画不是反映物体的外表，而是追求其本质，它需要将物体的各个体面同时解构并呈现出来。实际上，立体主义不仅表现空间，它还同时表现另一个空间维度（图1-83至图1-85）。

4. 埃舍尔

在这里将埃舍尔单独介绍是因为他的作品具有近乎极致的空间表现力。他的数学天赋和美学造诣让他创造了一个又一个充满矛盾的奇异空间。这些复杂的空间，蕴含了玄妙的哲理，在有限空间中潜藏着无限大的空间感受（图1-86至图1-87）。

图1-81 加拉的实体与虚像

图1-82 比基尼岛的三尊狮身

图1-84 格尔尼卡

图1-83 下楼梯的裸体女人

图1-85 亚威农少女

图1-86 埃舍尔的《瀑布》

图1-87 观景台

1.3 中国传统透视学发展简述

在中西方绘画发展的初期，对视觉的认知和空间特征的表现是十分相似的。但在劳动实践中，日积月累的微小差异，不仅孕育了大相径庭的民族心理素质，也使人类对时空的认识产生了分歧，导致了人们对视觉认知方式的不同。如果说西方传统绘画一直在追求真实的空间体验，那么中国传统绘画则在追求一种精神上的虚无空间体验。两种体验一个扎实地长在地上，坚强如堡垒；另一个浪漫地穿行云间，淡然如清风。这完全是自然对人类的选择，更是各自哲学观念的衍出。

在中国传统精神中，东方审美讲究"意"、"象"合一，"象"要与"意"结合才会有真正的审美价值。在《老子》一书中，早已将"象"提升到形而上的哲学范畴，如书中所述："道生一，一生二，二生三，三生万物，万物则负阴而抱阳。""象"在此刻已经从审美主体转换为客体，它的实际形式与审美活动并无直接关系，我们需求的只是通过这一载体所能体悟到的"意"。在我国，数千年地传承着"天人合一，物我两忘"的审美认知，认为人与物象之间不是分离对立而是消解融合的。中国传统美学的目标不局限于物象本身，而是强调精神在物象之内的存在形式。这种独特的意象美学体系，造就了中国特有的散点透视法则：主张采用多层且非固定视点表现物象。

散点透视为画家提供无拘束的广阔表现空间，与西方焦点透视共同成为人类文明发展进步的标志。

在我国传统绘画里，对景物的远近处理被称为远近法，也称散点透视。这是中国传统绘画中最主要的透视原理，具有多视点、高视线、远视距三个特点，其中，升降展开的画法称高远法；横向高低展开的画法称平远法；远近距离展开的画法称深远法。

早在战国时期，荀况就在《荀子·解蔽》中表述："从山上望牛者若羊，而求羊者不下牵也，远蔽其大也；从山下望木者，千仞之木若箸，而求箸者不上折也，高蔽其长也。"这是对基本的近大远小透视现象的最早记载。

公元前5世纪，南北朝时期宋宗炳在《画山水序》中说道："且乎昆仑之大，瞳子之小，迫目以寸，则其形莫睹，迥以数里，则可围于寸眸，诚由去之稍阔，则其见弥小。今张绢素以远映，则昆之形可围方寸内。竖画三寸，当千仞之高；横墨数尺，体百里之迥。"这段描述是用中心投影原理论述近大远小的透视规律，也概括了山水画表现透视的方法。

晋朝顾恺之在《画云台山记》中提到说："山有面则背方有影……下有涧，物影皆倒。"这是对阴影透视规律的初步认识（图1-88至图1-89）。

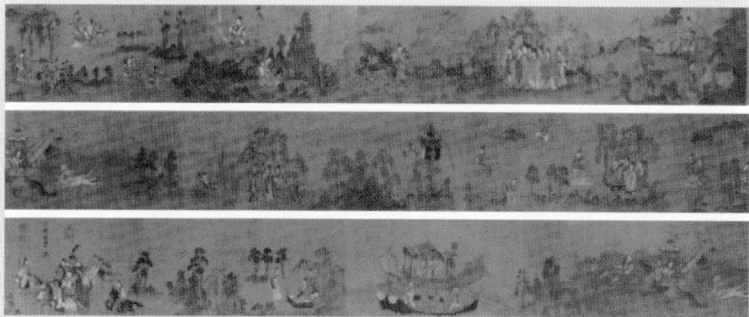

图1-88 洛神赋图（宋人摹本）

图1-89 游春图

唐代诗人、画家王维在《山水论》中说："丈山尺树，寸马分人，远人无目，远树无枝，远山无石，隐隐如眉，远水无波，高与云齐……凡画林木，远者疏平，近者高密。"这也是一段对绘画中透视规律的概括论述，其中既包括近大远小的透视规律，也对近处清楚、远处模糊的虚实关系有专门的提及（图1-90至图1-98）。

图1-90 龙宿郊民图

图1-91 潇湘图（部分）

图1-92 明皇幸蜀图

图1-95 唐代阎立本的《步辇图》

图1-93 匡庐图

图1-96 唐代阎立本的《古帝王图》

图1-97 雪溪图

图1-94 秋山晚翠图

图1-98 韩熙载夜宴图

公元11世纪，北宋郭熙在《林泉高致·山水训》中说道："真山水之川谷，远望之以取其势，近看之以取其质……山有三远：自山下而仰山巅谓之高远，自山前而窥山后谓之深远，自近山而望远山谓之平远。高远之色清明，深远之色重晦，平远之色有明有晦；高远之势突兀，深远之意重叠，平远之意冲融而飘飘渺渺……"这就是中国传统绘画中讲究的"三远"。郭熙的这段话几乎涵盖了中国画中表现透视和空间营造的技巧，这也是中国画家世代传承的作画原则。与郭熙同时期的沈括也有过一段著名论述，其"以大观小"的远近理论在其中多次提及，这套理论对把握宏观透视关系具有非常重要的影响（图1-99至图1-102）。

图1-99 窠石平远图

图1-100 雪景寒林图

图1-101 早春图

图1-102 清明上河图（虹桥局部）

之后，14世纪元代黄公望、赵孟頫、陆广（图1-103至图1-106），15世纪明清时期的沈周和石涛（图1-107至图1-108）等作品，以及18世纪年希尧和郎世宁合著的我国第一本印刊透视书《视学》相继面世，但一直也都未能有详细深入的阐述和分析归纳，只形成了一些约定俗成的技法模式和法则，未能形成完整的科学体系。这对于中国独特的艺术发展历程来说是一个遗憾（图1-109至图1-118）。

图1-103 富春山居图

图1-104 鹊华秋色图

图1-105 松荫会琴图

图1-106 仙山楼观图

图1-107 庐山高

中国的绘画风格重神而不求形似，这与中国传统哲学有直接关系，这使透视在东方的发展存在局限性。但中国绘画漫长的发展具备了独到的审美趣味和独特艺术形式，从多样化的角度来说，这是中国的艺术发展本身的胜利，丰富和拓展了世界艺术形式。

图1-108 飞瀑奇峰图

图1-109 早春图

图1-110 湖山书屋图

图1-111 峒关蒲雪

图1-112 江深草阁图

图1-113 山水图

图1-114 青山佳处绝尘埃

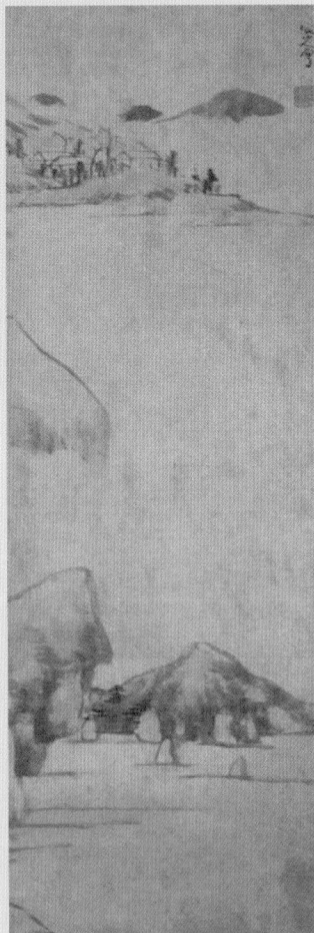

图1-115 山水通景图

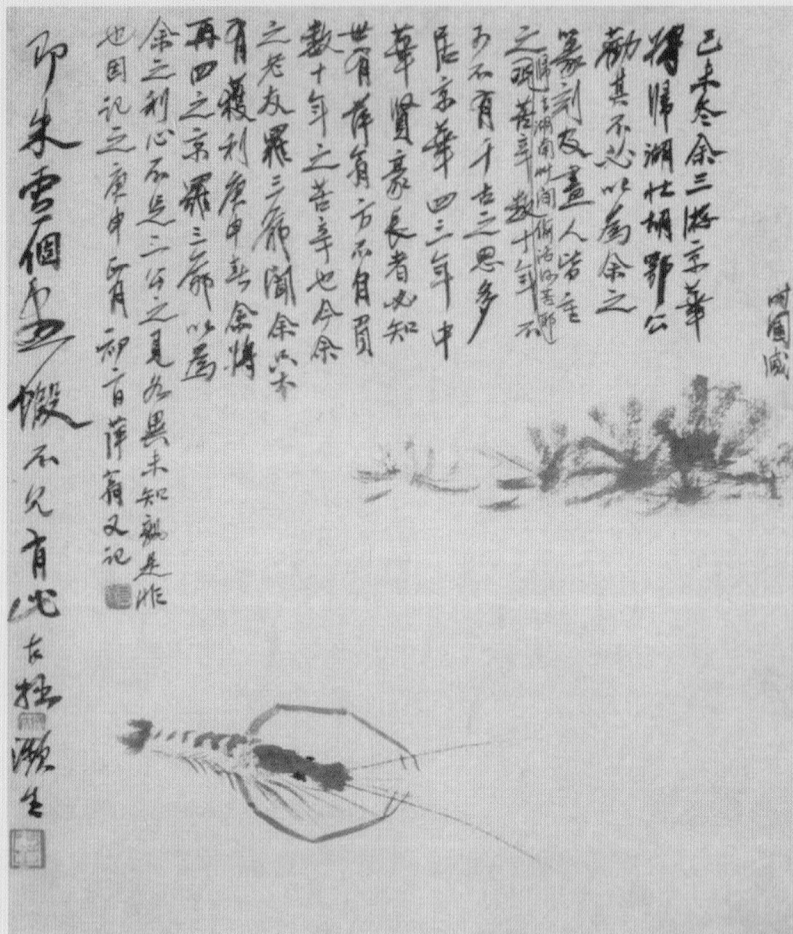

图1-116 虾

图1-117 杜甫诗意图

图1-118 墨荷

1.4 中西方透视学的特点和异同

中西方透视在漫长的发展过程中都在坚持自己的道路，它们相对独立但又不可避免地存在着相似之处。

1.4.1 中西方透视学的相同点

首先，由于人类的视觉构造没有差异，所以在观看物体的过程中，人们大脑中所反映的视觉形象和视觉规律是基本一致的，这种一致性不会因为地域和时间的不同而有所变化。

其次，从绘画的空间表现上来看，虽然各自都有所倾向，但绘画作品基本都涵盖了二维空间画面、三维空间画面与多维空间画面。

再次，中西方绘画的内容均以视觉图像为基础，都有意或无意地在绘画创作时追求透视法则。

1.4.2 中西方透视学的不同点

由于中西方在长期的生活实践中各自形成了不同的哲学观念导致人们对透视规律的认识、应用等方面存在很大差别，其中最突出的差别集中体现在系统性的应用和认识透视的特点上。导致这种结果的原因表现在以下几个方面。

① 西方透视学具有清晰的发展脉络，科学的体系框架坚实而完整。而中国透视学发展更多的停留在绘画技法和法则上，并没有形成一个完整、严谨的科学体系。

② 西方透视是在实践的基础上逐渐总结发展而来，因而在生活中对透视理论的实践比较常见，尤其在设计活动中得到了极为广泛的应用。中国透视在实践中加以应用的情况并不多见，人们更喜欢把透视理论应用在绘画技法中，用它来影响人的视觉体验。

③ 西方透视称焦点透视，讲究理性表现，用静止科学的眼光分析透视现象，具有单一化、单视点、单视域等特点，强调事物的独特性以再现现实为目的，追求形似。而中国透视，由于处于运动中无固定视点故称散点透视，用运动而又感性的眼光分析透视现象，具有多视点、高视高、远视距的特点，追求神似。

④ 西方透视学的发展目标是更好地认识世界、改造世界，而中国透视学的目标则是更好地感受世界。

复习与思考

1. 何谓透视、透视学、透视图（画）？
2. 何谓透视的三要素？它们的作用是什么？
3. 反透视现象在西方何时出现？
4. 散点透视是如何生动表现场景的？
5. 中西方透视发展的差异及原因有哪些？

CHAPTER 2

透视基本原理

从"了解"到"学习"没有明确界线，但却存在一个至关重要的准备阶段，这个模糊的地带潜藏着学习所需的启动养分。对透视原理的探讨也正是启动透视学习所必须经历的环节。

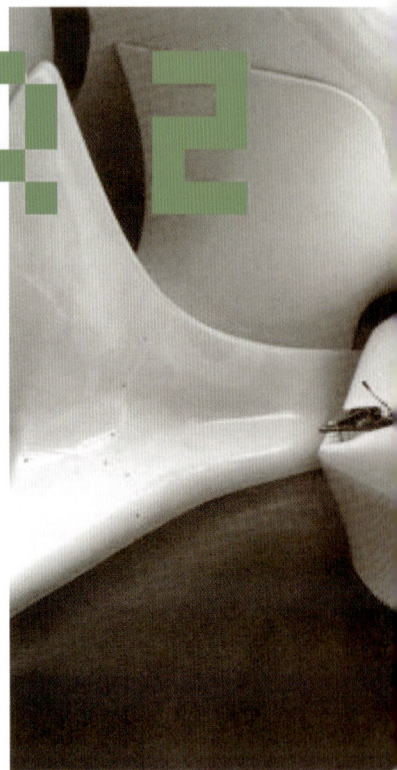

■ 课题概述

本章主要讲解了透视的研究对象、目的和常用术语，并在此基础上介绍了透视各因素所起的作用，为顺利理解透视制图方法、合理运用透视原理打下基础。

■ 教学目标

正确理解透视的研究对象和目的，熟练掌握透视常用术语并理解各元素在透视现象中所产生的影响。

■ 章节重点

透视常用术语及各元素在透视现象中所产生的影响。

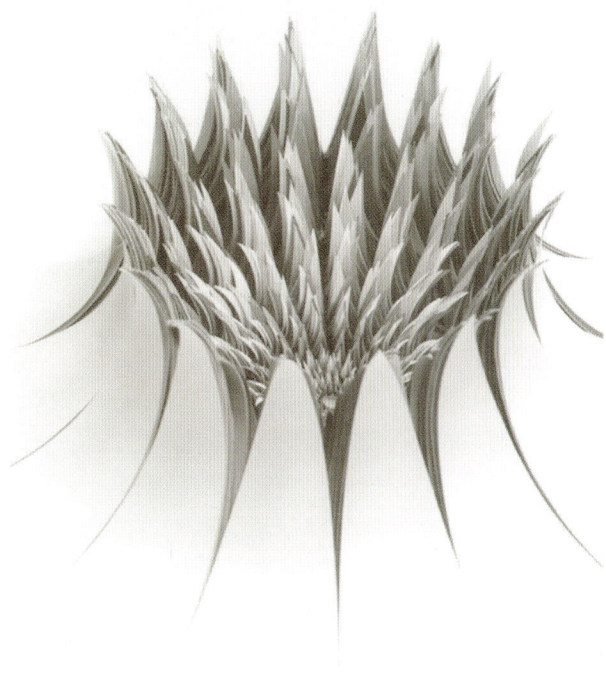
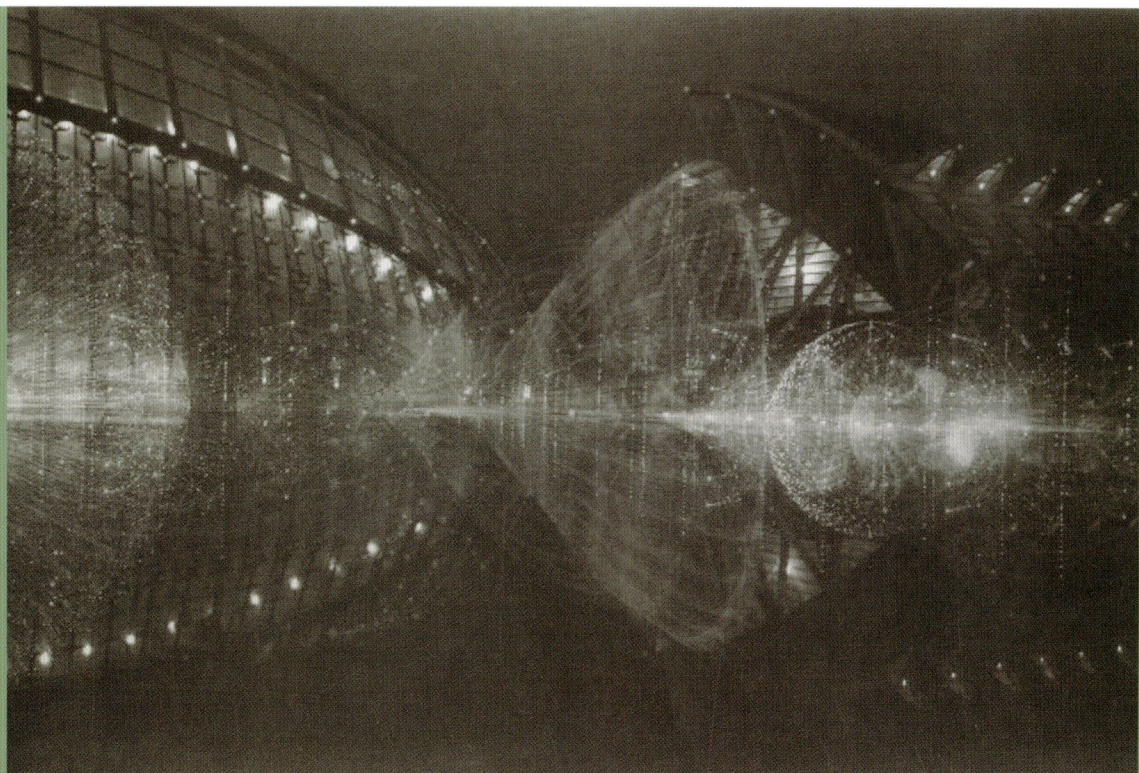

2.1 透视的研究对象 及目的

任何事物的存在都具有一定意义，透视作为视觉美学的基础，它所具有的意义值得我们深入探讨。

2.1.1 透视的研究对象

得益于透视学这门独立学科的发展，我们对视觉世界的把握能力越来越强。可以说从人类诞生起到现在的漫长岁月中，我们积累的一切视觉经验都为当今的成果做出了不凡贡献，人们不断追求立体感、纵深感、空间感，不断推敲这些感观与视觉之间的关联。基于这些积淀，人们在二维平面上表现三维世界的能力已经有了质的飞跃。现在，人们可以随心所欲地创造出在这个世界上存在或不存在的一切，以图画的形式将它们记录下来，并且对眼睛所看到的和实际物体之间所产生的规律和关系进行总结，以便指导人们去更好地创造和认识世界。而透视学主要研究的正是人眼所见和物体之间的关系。

图2-1 约翰·阿特金森·格里姆肖的《街景》

图2-2 建筑设计构思图

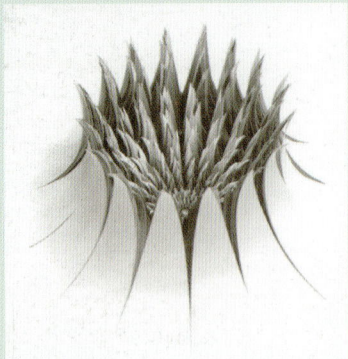

图2-4 平面设计

图2-3 室内设计

2.1.2 研究透视的根本目的

简而言之，研究透视的根本目的就是更好地了解人眼所见和物体之间的关系，并用其指导实践。从哲学意义上考虑，这也是更好地认识和解释世界的一种有效途径。

在当今世界中，透视学可运用到绘画、建筑设计、雕塑、环境艺术、工业设计、广告设计、多媒体创作等诸多领域（图2-1至图2-8）。它将几何科学融入到艺术创作中，这样得到的创作成果是具有价值反馈信息的。与此同时，人们的观察力、理解力、造型能力和表现力也会得到极大地提高。

透视学，它对创作实践也具有极强指导意义，是视觉理论基础。同时它也是从事视觉领域工作者和设计师的必修课。

图2-5 工业设计手绘效果图

图2-6 表皮设计研究

图2-7 摄影

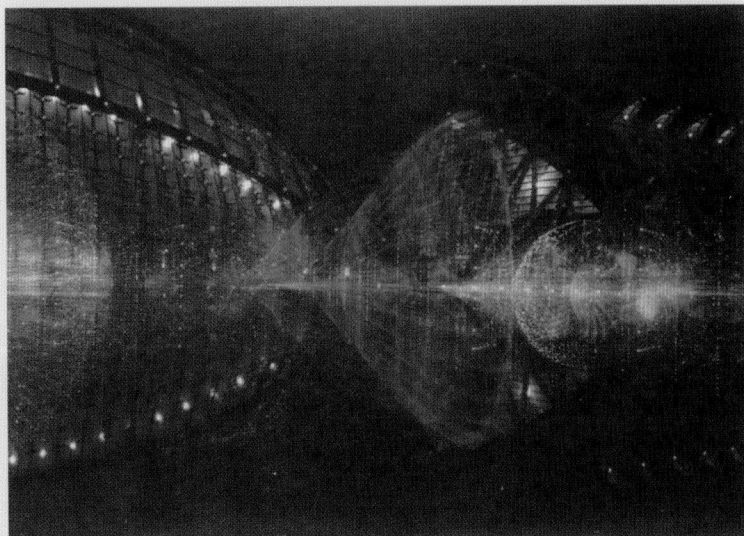

图2-8 室外新媒体设计

2.2 透视常用名词解释

学习透视的基本原理，需要了解以下所列出的名词及其解释，为后面章节的讲解打下基础（图2-9至图2-12）。

① 视点EP（Eye Point）：视者眼睛位置，又称目点。

② 基面GP（Grand Plane）：物体所在的平面，基面与画面互相垂直。

③ 画面PP（Picture Plane）：竖立在眼睛和物体之间的假想透明平面，与中心视线垂直，是构成透视图的必要条件。

④ 停点SP（Standing Point）：视点在基面上的垂直落点，又称驻点、立点。

⑤ 中心视线CVR（Central Visual Ray）：视点到画面的垂直连线，同时也是所看方向视域锥体的中心轴线，又称中视线或视心线。

⑥ 主点CV（Center of Vision）：中心视线与画面的交点，又称视心、心点。每幅图上必须要有一个主点，由于主点使用较频繁，所以在制图时常用单一字母P来表示。

⑦ 视平线VH（View Horizon）：通过主点所做的水平线。平视时视平线与地平线重叠，仰视或俯视时二者分离。

⑧ 视平面HP（Horizontal Plane）：是视平线所在的水平面。

⑨ 视高H（Height）：视点到停点的垂直距离，在画幅上是视平线与画幅底边的距离。

⑩ 视距VD（Visual Distance）：是视点到主点的垂直距离。

⑪ 视线SL（Sight Line）：视点到物体上各点的连线。中视线为特殊视线。

⑫ 视角SA（Sight Angle）：任意两条视线与视点构成的夹角。一般遵循视角不大于

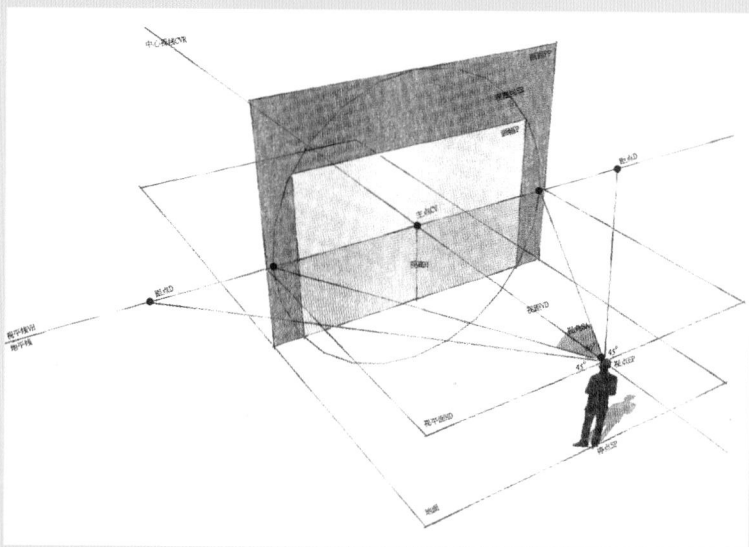

图2-9 常用术语立体框架

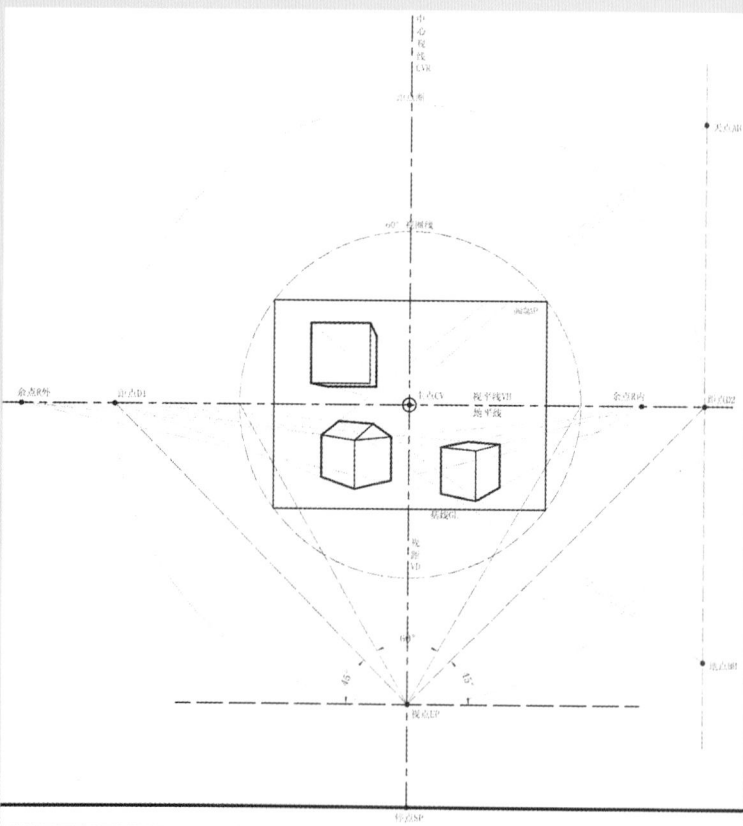

图2-10 视域示意图

60°的原则，视角过大会导致透视图形产生不正常变形。

⑬ 视域VT（Visual Threshold）：固定视点所能看到的空间范围，空间形状构成一个圆锥体（视锥）。常用的正常视域为60°，若超出60°视角的透视图会出现反常、变形的情况。

⑭ 视圈线SR（Sight Round）：视域圆锥曲面与画面的交接线，在绘图上一般采用60°视角的视圈线。

⑮ 视向VD（Vision Direction）：绘图时所看的方向，分为平视、俯视和仰视。

⑯ 画幅P（Picture）：在60°视域范围内选取的一块作画面积。

⑰ 基线GL（Grand Line）：画面与基面的交接线。

⑱ 灭点V（Vanishing Point）：不平行于画面的直线在无限远处的投影点，又称消失点。

⑲ 距点D（Distance Point）：画面上以主点为圆心，视距为半径画圆，圆上的任意点都可称为距点。视平线上的距点是与画面成45°角的变线上的灭点。由于制图时D的使用率过高，所以在制图时经常用X来代替D表示距点。

⑳ 天点AH（Above Horizontal Point）：地平线以上的灭点。

㉑ 地点BH（Below Horizontal Point）：地平线以下的灭点。

㉒ 余点R（Rest Point）：在成角透视中，视平线上除距点和主点之外的灭点都叫余点。其中主点与距点之间的消失点用"R内"表示，它是与画面成45°角到90°角之间变线的消失点。距点以外的灭点用"R外"表示，它是与画面成0°角到45°角之间变线的消失点。

㉓ 原线：与画面平行的线，在透视图中保持原有方向，无消失点。

㉔ 变线：与画面不平行的线，在透视图中有消失点。

㉕ 灭线：不平行于画面的平面向某一方向无限延伸，在画面上最终消失在灭线上。其中，相互平行平面有一条共同的灭线。

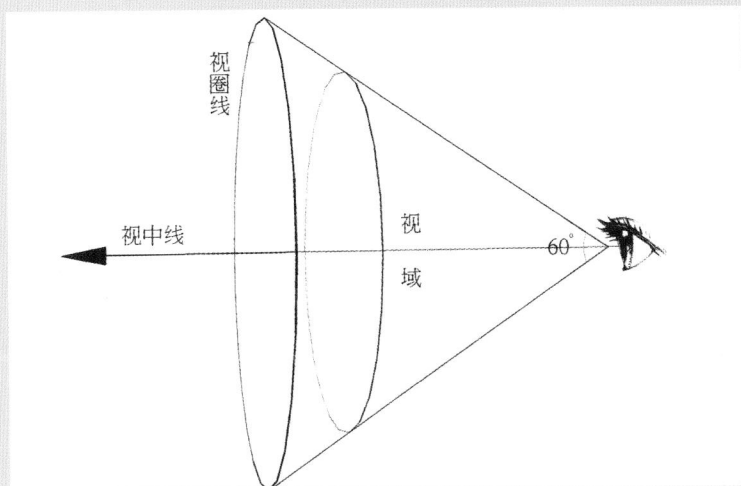

图2-11 视域示意图

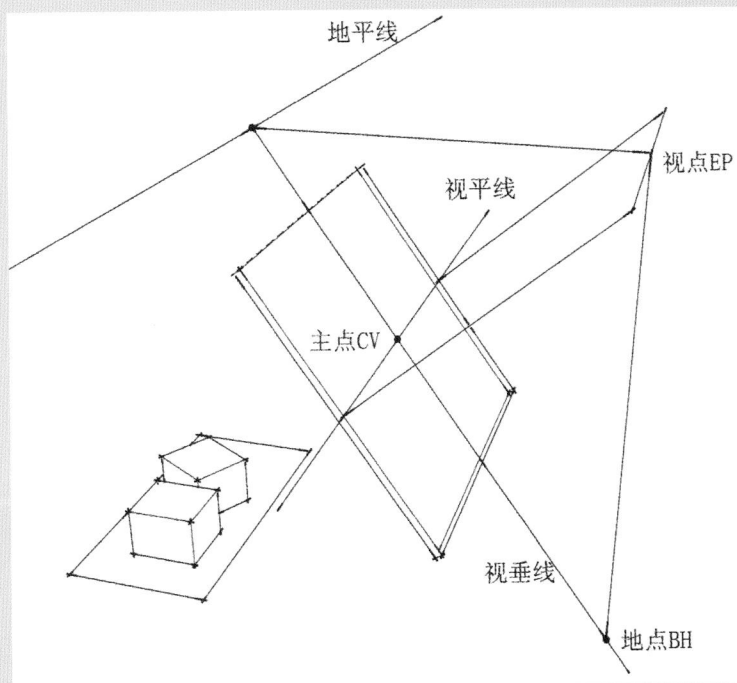

图2-12 俯视框架说明

2.3 视向及视点对透视的影响

视向及视点表示了视觉活动的目的,若他们发生变化,我们所看到的影像也会随之而变。

2.3.1 视向对透视图的影响

简而言之,视向就是观察的方向和角度。在写生取景的过程中,首先要确定的就是视向,之后才是常用视域内画幅和主点的位置。总体来看,视向分为平视、俯视、仰视三类,若考虑到俯视、仰视的特殊状况则又可分为平视、斜俯视、正俯视、斜仰视、正仰视五类。

① 平视:视中线与地面平行,画幅垂直于地面,此时视平线与地平线重叠。在平视时,平行透视图存在一个消失点,成角透视图存在两个消失余点或距点,倾斜透视图则消失于天点或地点(图2-13)。

② 斜俯视:视中线与地面倾斜,画幅也倾斜于地面,视平线与地平线分离,视平线处于地平线下方。平行俯视图呈现出成角透视的特点,即消失于两点;成角俯视图则消失于三点,即地点和两个余点(图2-14至图2-16)。

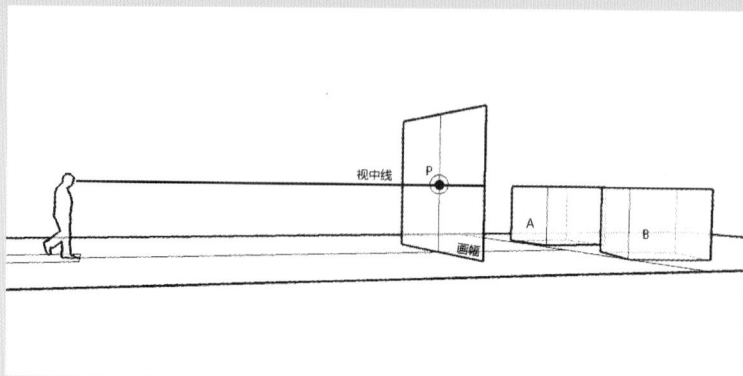

图2-13 平视

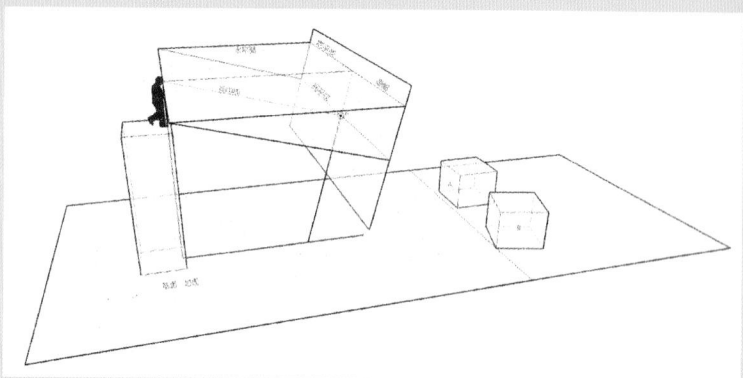

图2-14 斜俯视

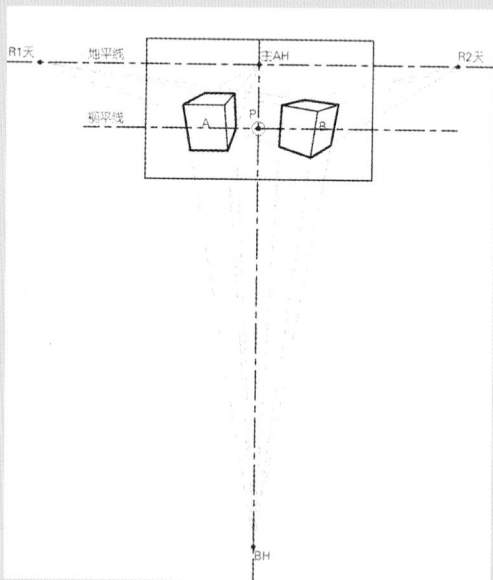

图2-15 平行斜俯视A和成角斜俯视B

③ 正俯视：视中线与地面垂直，画幅平行于地面，视平线与地平线分离，画面上无地平线。此时倾斜透视均消失于一点，呈现平行透视特点（图2-17至图2-18）。

④ 斜仰视：视中线与地面倾斜时，画幅倾斜于地面，视平线便与地平线分离，并处于地平线上方。平行俯视图呈现出成角透视特点，即消失于两点，成角仰视图则消失于三点，即天点和两个余点（图2-19）。

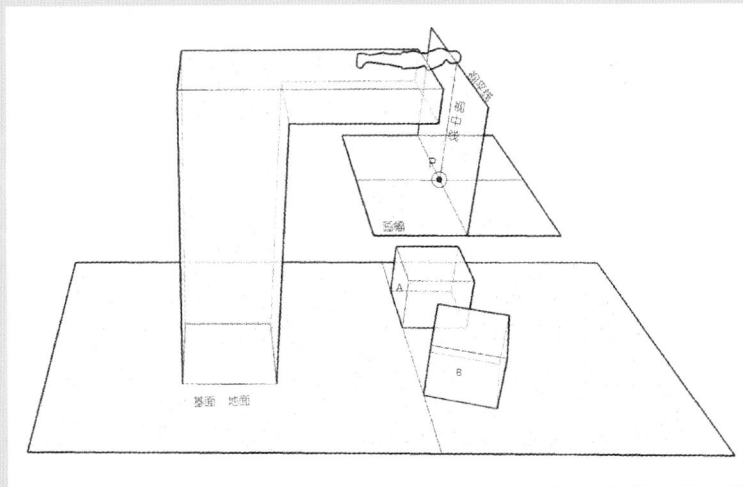

图2-16 正俯视

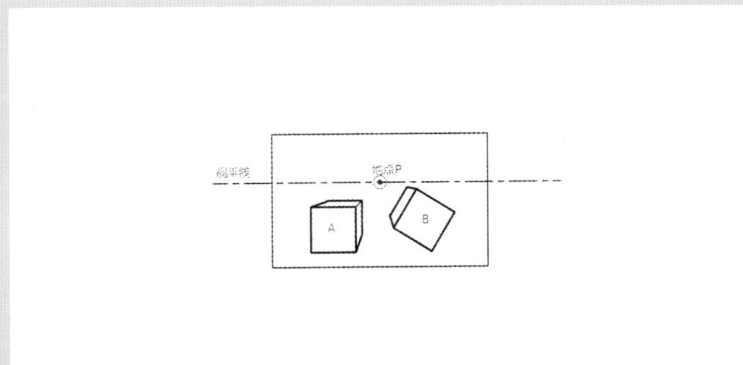

图2-17 正俯视透视图

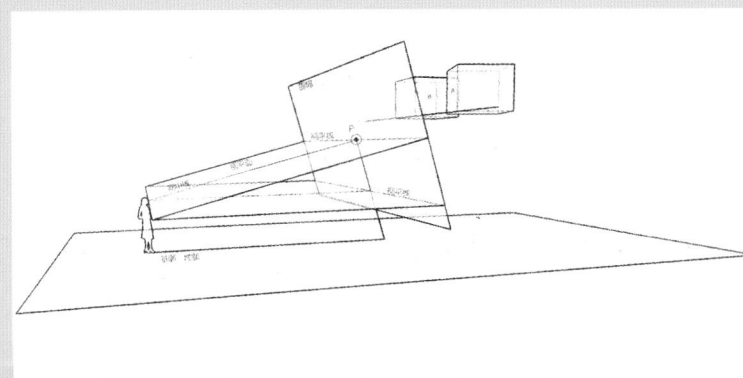

图2-18 斜仰视

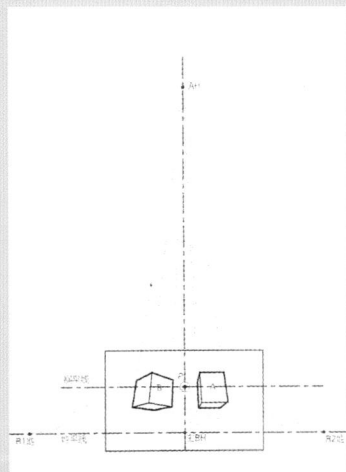

图2-19 平行斜仰视A和B成角斜仰视B

45

⑤ 正仰视：视中线与地面垂直时，画幅平行于地面，视平线则与地平线分离，画面上无地平线。此时倾斜透视均消失于一点，呈现平行透视特点（图2-20至图2-21）。

2.3.2 视点对透视图的影响

在透视表现中，一个好的构图一定是多种因素共同作用的结果。除了景物的更换移动和画幅样式的变化以外，能影响构图的就是上文提到的视向以及视点了。视点的不同或者移动直接导致了画幅上信息量以及信息构成的变化，即使同样的信息也会因为视线圈的限制而处于不同位置，这也直接影响到了最终的构图视觉效果［图2-22（a）至图2-23（b）］。

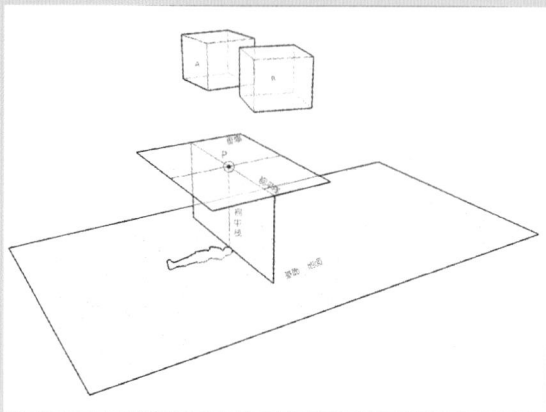

图2-20 正仰视

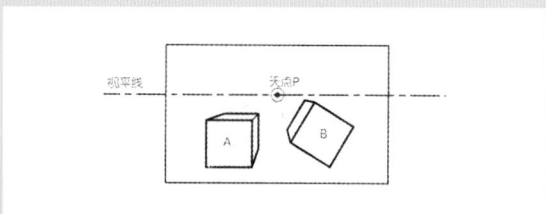

图2-21 正仰视透视图

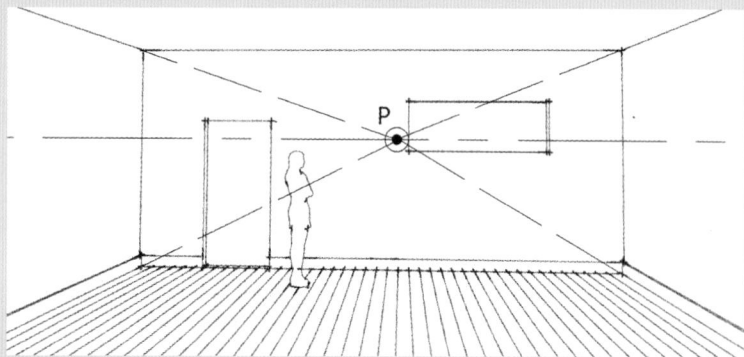

图2-22 （a）室内透视视点变化

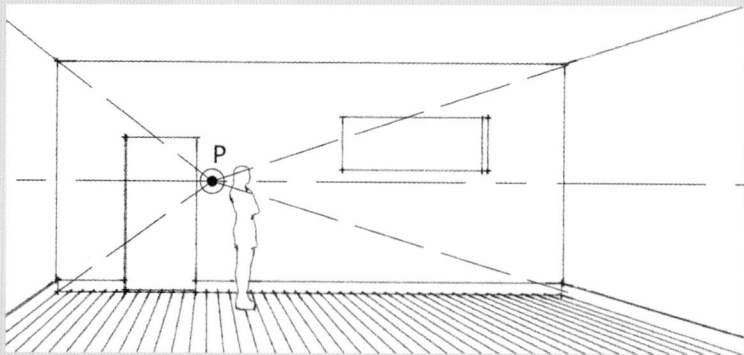

图2-22 （b）室内透视视点变化

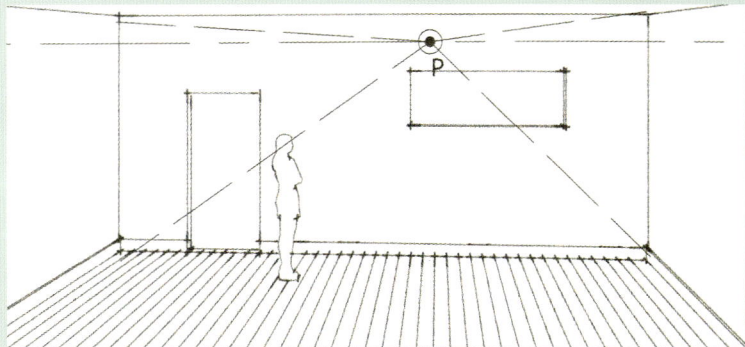

图2-23 （a）室内透视视点变化

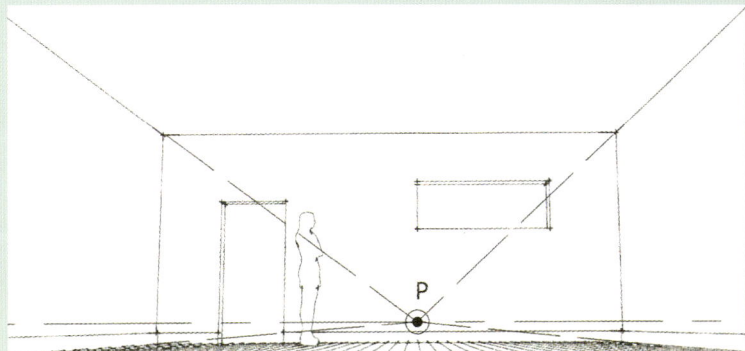

图2-23 （b）室内透视视点变化

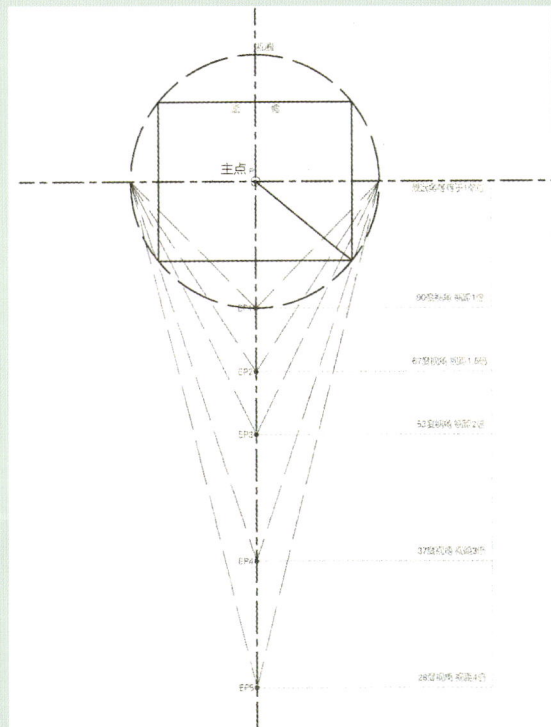

图2-24 视距与视角

2.4 视距、视角与画幅

视距与视角密不可分，视距的长度直接决定了视圈线范围的大小。由于画幅必须定在60°视圈线内，所以在观察相同物体时，视距远则视角小，视距近则视角大。

在绘制透视图的时候，首先要确定画幅、主点P、视平线，最后确定视距。视距的选定一般是以主点P到画幅最远角这一距离为半径的视圈的直径，这时的视角为53°。当视角在60°时视圈线内不变形。当视距为半径1倍时，视角为90°；视距为半径1.5倍时，视角为67°，这里的67°角也是常用视角；另外，当视距超过视圈半径的2倍时，视角也会相应减小，当视距无限远时则可以绘制出轴测图（图2-24）。

2.5 原线、变线的特点及与其灭点的关系

透视图中所有的线基本都可以分类为原线和变线两大类。其中所有与画面平行的线都可以称为原线;凡与画面成一定角度,最终消失于一点的线则称为变线(图2-25)。

原线分为以下三种。

① 水平原线:与画面和地面均保持平行。水平原线不相交则无灭点。

② 垂直原线:与画面平行,垂直于地面。垂直原线不相交则无灭点。

③ 倾斜原线:与画面平行,向地面倾斜。倾斜原线不相交则无灭点。

变线分为以下五种(图2-26至图2-27)。

. ① 直角平变线:与画面垂直呈90°角,平行于地面的直线。直角平变线向远方延伸,灭点为视平线上的主点。

② 45°平变线:与画面呈45°角,平行于地面的直线。45°平变线向远方延伸,灭点为视平线上的距点。

③ 上斜变线:倾斜于画面,与地面近低远高向上倾斜的直线。上斜变线向远方延伸,灭点为天点。

④ 下斜变线:倾斜于画面,与地面近高远低向下倾斜的直线。下斜变线向远方延伸,灭点为地点。

⑤ 其他角度平变线:与画面呈非45°角,平行于地面的直线。其他角度平变线向远方延伸,灭点为余点。

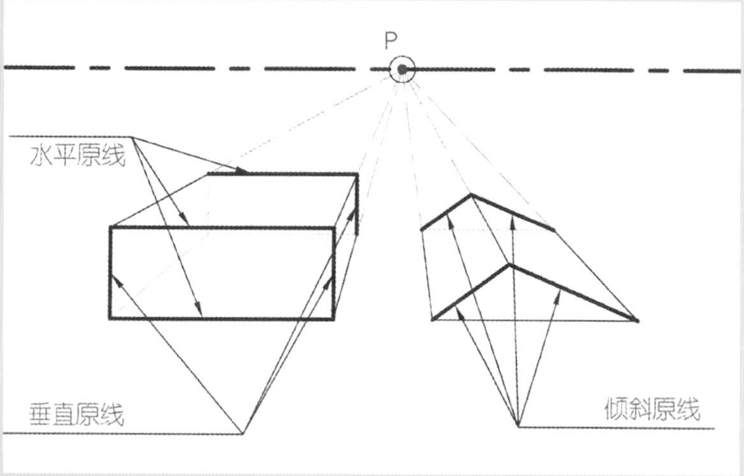

图2-25 原线与变线位置示意图

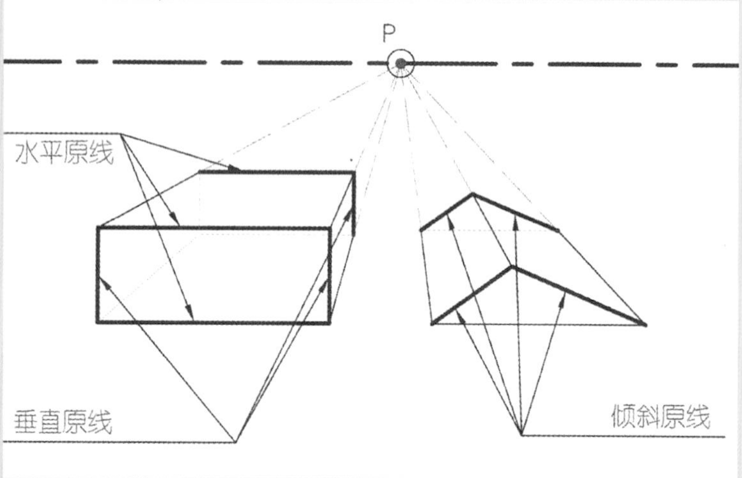

图2-26 变线示意图一

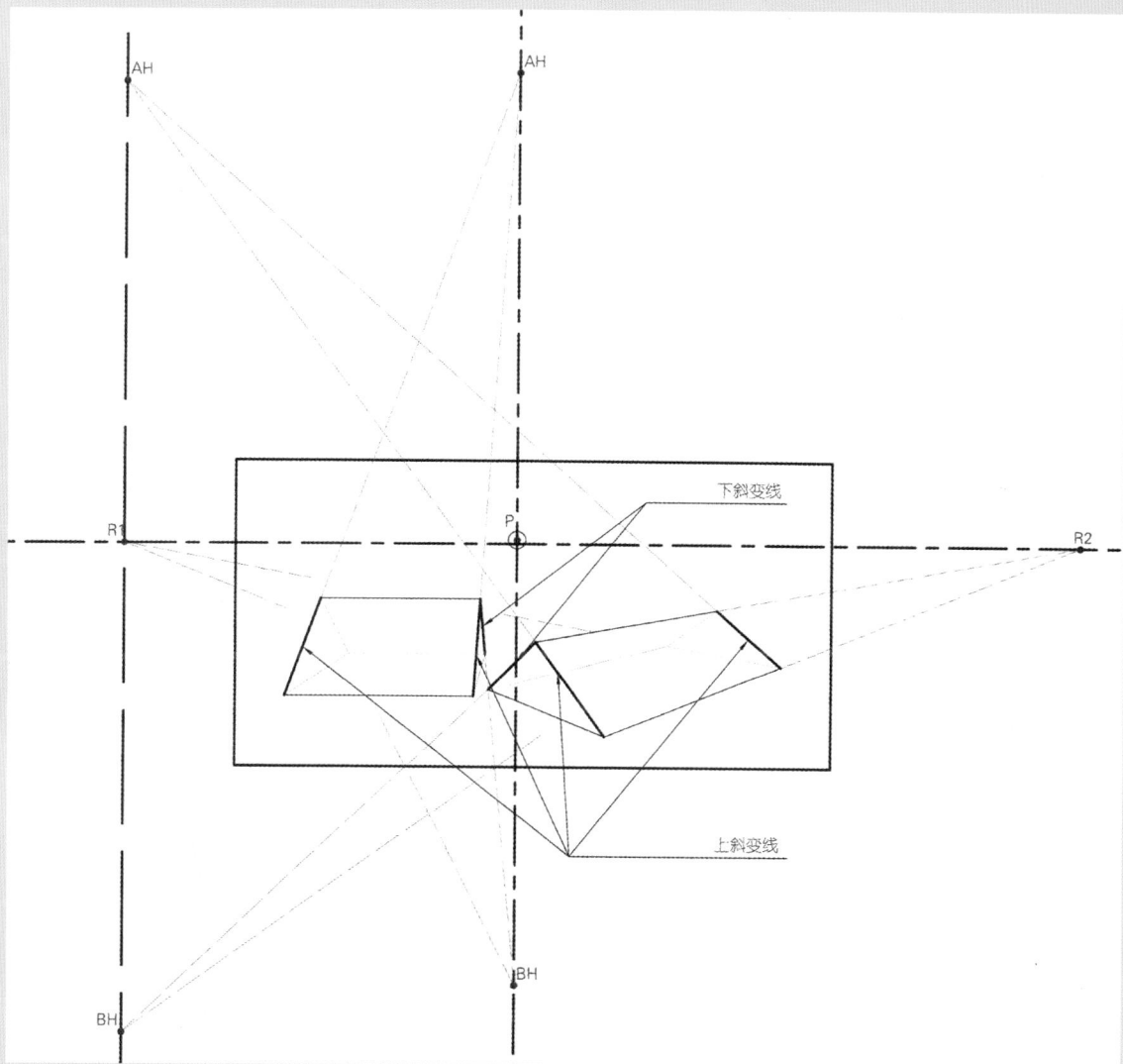

图2-27 变线示意图二

复习与思考

1. 请列举各常用术语的形成和概念。

2. 视向对透视有何影响?

3. 视点位置对构图的影响。

4. 视角与视距之间的联系是怎样的?

CHAPTER 3

平行透视

平行透视是最基本的透视方法，但学习过程中所涉猎的透视现象基本上囊括了空间进深感、近大远小等，掌握平行透视对深入学习透视意义重大。

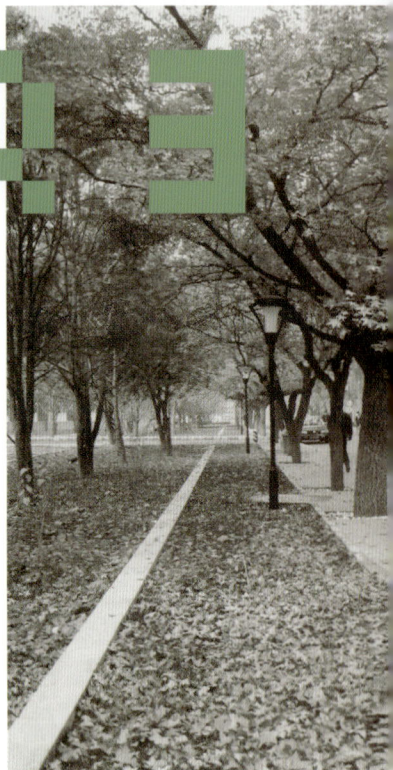

课题概述
本章对平行透视的特点、成因、运用方法进行了说明，并列举大量生活中的实例便于理解和联想。通过对这种基础透视方法的全方位解析，为以后的透视方法讲解打好基础。

教学目标
要求能正确理解平行透视的成因，合理运用平行透视表现物体和空间。

章节重点
平行透视的形成及特点。

3.1 平行透视概述

平行透视是本书第一个展开讲述的透视类型，也是所有透视中最为基本的形式，对它的学习是我们合理、深入研究整个透视体系的前提。

3.1.1 平行透视的形成

在日常生活中，当我们平视立方体时（由于立方体是基本的几何形体，方便理解和说明，故本书中介绍平行透视、成角透视、仰视透视与俯视透视所举例子中均以正立方体为例），根据中心投影原理，当立方体投影在视域内的透明平面（即画幅）上时，只要有一个面与透明平面平行，这个立方体就在人的视觉上呈现平行透视关系。立方体侧面的棱垂直于透明平面，并在视觉上延伸至平面中的一点后消失。这是一种常见的透视关系，它给人一种对称稳定的视觉感受（图3-1至图3-4）。

图3-1 夜间咖啡馆

图3-2 玩球的人

图3-3 卡尔约翰街的夜晚

图3-4 海景速写

3.1.2 平行透视的概念

在立方体的六个平面中，存在与画幅平行的面，这时产生的透视关系就叫平行透视（图3-5）。与画幅垂直的平行线都在画幅上汇聚到一点并消失，这个点为主点，又称灭点或消失点。由于平行透视只存在一个消失点，所以又叫"一点透视"（图3-6至图3-9）。

3.1.3 平行透视的规律与特点

不同透视的规律和特点各有不同，平行透视作为最先介绍透视类型，它的特点也将作为其他透视特点的参照。

① 人的视向为平视。
② 只存在一个消失点。
③ 存在与画幅平行的面。
④ 一切与画幅平行的线，投射成透视图时，依旧平行。
⑤ 一切与画幅垂直的线，投射成透视图时，向一点集中消失。
⑥ 平行透视中的立方体，无论高低、远近、左右、大小，只要在正常视域内，投射成透视图时其正面都依然是正方形。

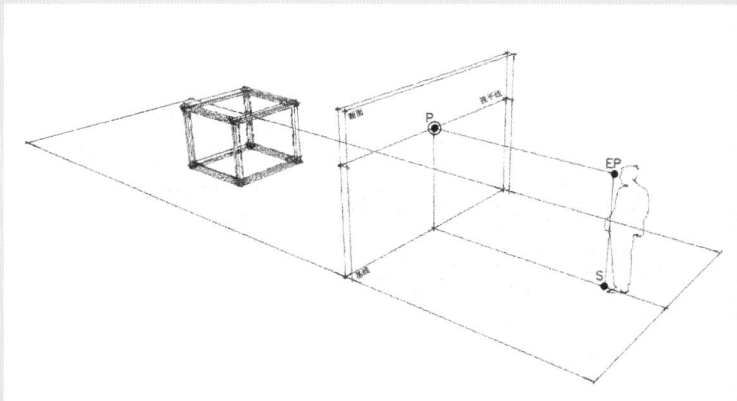

图3-5 平行透视分析图（1）

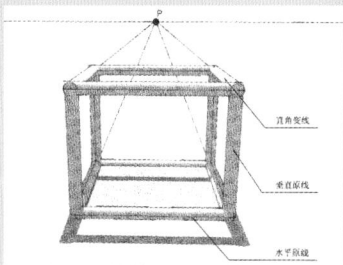

图3-6 平行透视分析图（2）

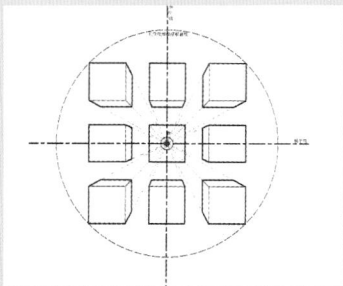

图3-7 平行透视示意图（1）

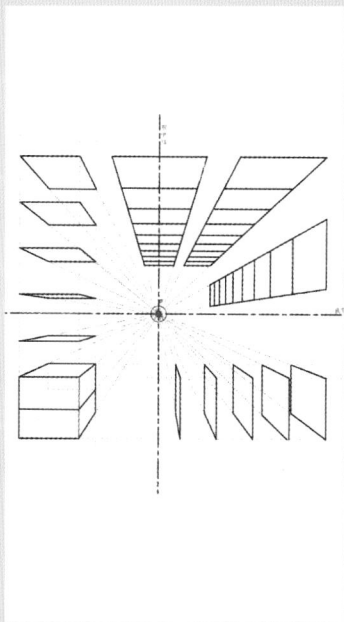

图3-8 平行透视示意图（2）

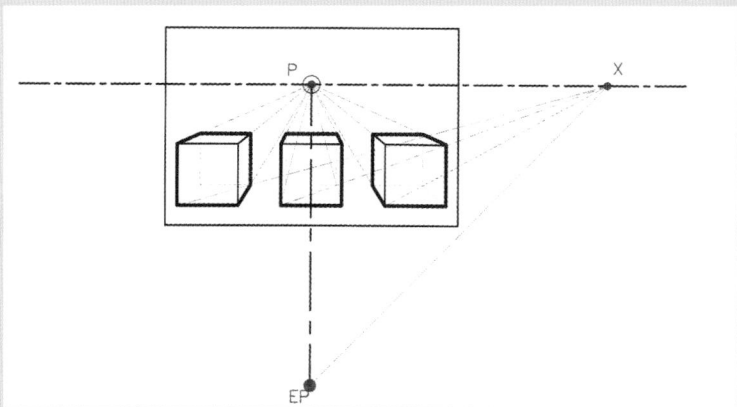

图3-9 平行透视中"点"的关系

3.2 平行透视基本绘图法

平行透视的基本绘图法包括距点法、缩距法和迹点法三种，学习这三种方法是掌握平行透视的基本条件。

3.2.1 距点法

正方形是一切几何图形的基础，所以了解正方体深度的求法即距点法，是十分必要的。

假设AB为正方形中的线段，分别从A、B两点引垂于线L1、L2，再从A点引一条与AB成45°角的斜线，并与垂线L2交于C点，过C点引AB平行线使其交于X点并与L1垂直成直角，此刻ABCD中各边相等且相邻边成直角。如图3-10（c），在这种条件下，由于所有与画面成45°角的线都消失于X点上，这时距点到主点的距离也就是主点到视点的距离。B'C'线段就是正方形透视深度（图3-10a至图3-10c）。

3.2.2 缩距法

在绘制透视图时，距点往往（或余点）会超出画幅范围，给绘图带来极大不便。缩距法可以解决这个问题。

如图3-11所示，线段AB与PX分别是实际尺度和比例的线段，图中的点C为透视深度点。当在AB线段上取1/2AB点，PX上也取1/2PX点时，两点的连线依然交于C点。同样在AB上取1/4AB点，过C点做一条直线与PX的交点时，也正好是1/4PX点。由此可知，同比例地缩短距离中，实际尺度与视觉尺度是同比例变化的，这在测透视深度时

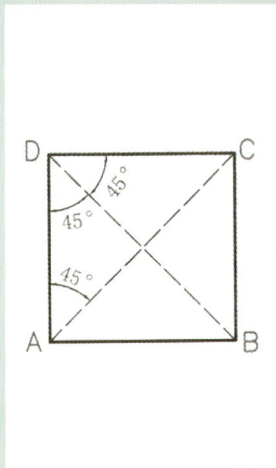

图3-10 （a）距点法分析图（1）

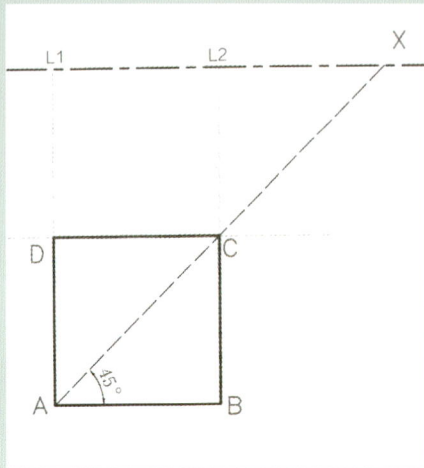

图3-10 （b）距点法分析图（2）

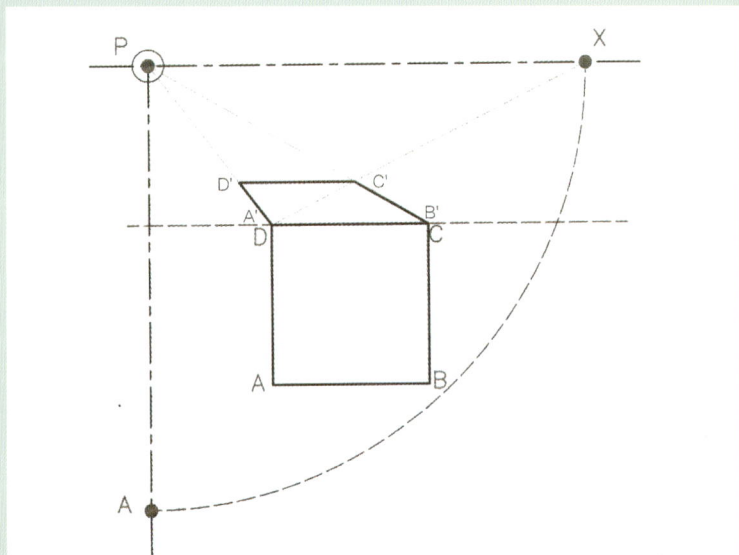

图3-10 （c）距点法分析图（3）

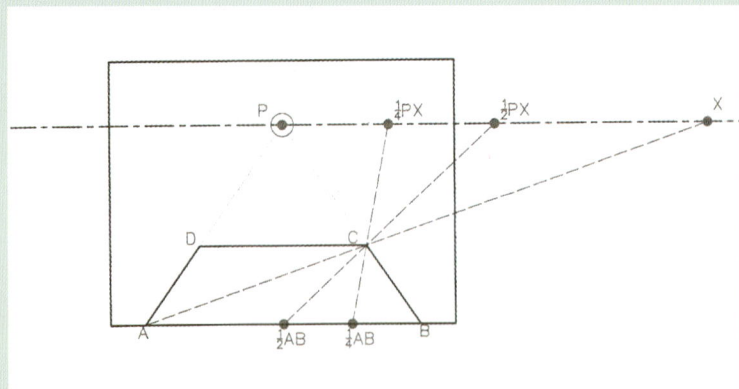

图3-11 缩距法分析图

是依然可行的（图3-11）。

3.2.3 迹点法

在绘制透视图的过程中，我们一般会采用两种方法：一种是根据已知条件依照透视原理作图，另一种则是依照已知的文字、数据、尺寸来作图，这两种可统称为迹点法，即根据已知条件作图。这些已知条件是指给出画幅、视高、主点位置、物体尺寸、位置。

1. 绘制正方体平行透视图

已知画幅为面积7cm×8cm，高为5cm，主点P居中，立方体居中，立方体与画幅重合的边的边长为5cm。以下为作图步骤。

步骤一

按照尺寸画出画幅（无特殊要求采用横画幅构图），定出视高为5cm，画出视平线。在画幅中的视平线上确定居中主点，定出与画幅重合的立方体边AB。根据最远角的两倍定X距点，以便测量透视深度（图3-12）。

步骤二

A、B两点消失于主点，连接A、X两点得到深度点D,由D出发作线段AB的平行线，与PA交于C点，平面ABCD即为立方体底面（一般由底面开始绘制）。

步骤三

根据立方体各边均等长的特性，以AB为基础画出立方体正面ABFE（图3-13至图3-14）。

步骤四

从E、F两点出发向主点消失，从C、D出发作垂线交于EF平行线H、G两点，顶面EFGH完成（图3-15），至此立方体的平行透视图也绘制完成了。

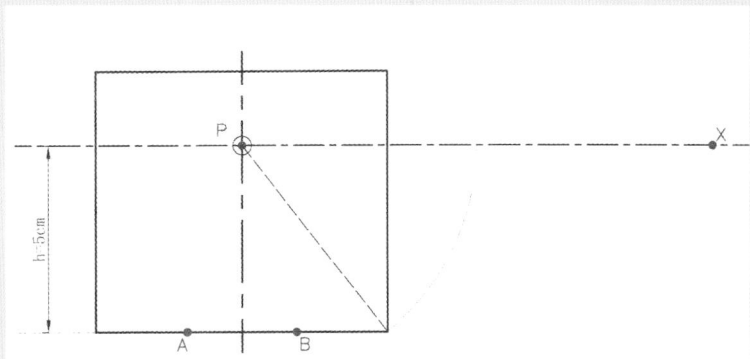

图3-12 步骤一

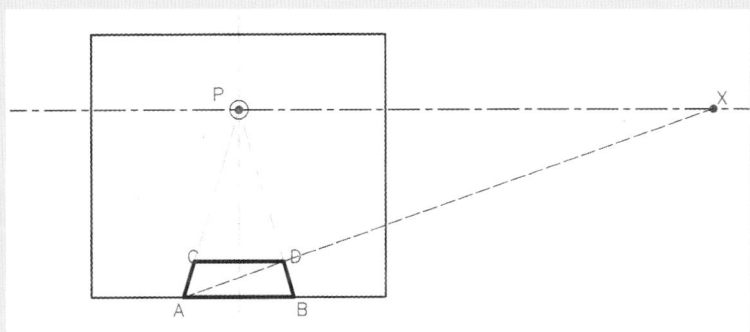

图3-13 步骤二

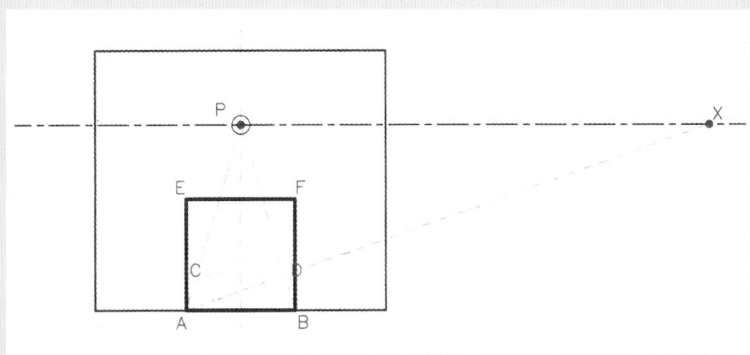

图3-14 步骤三

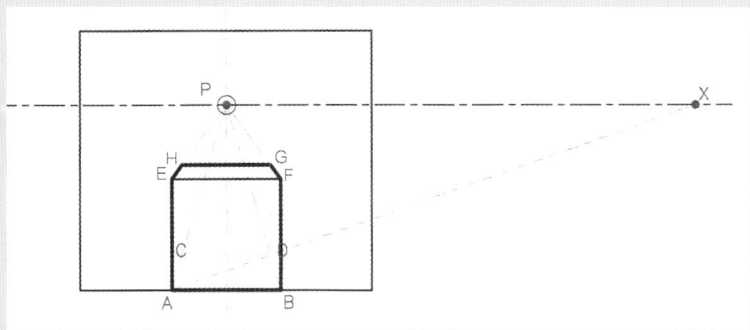

图3-15 步骤四

2. 绘制室内平行透视图

已知画幅面积为7cm×8cm（室内宽和高即画幅尺寸），深9cm，高为5cm，主点P居中，门距左墙为1cm，门宽2cm、高4cm，右墙窗户离右墙角为2cm，离地2cm，窗宽、高均为4cm，茶几距右墙1cm、距画幅2cm，茶几整体尺寸为2cm×2cm×2cm。以下为绘制室内平行速视图的步骤讲解。

步骤一

按已给尺寸画出画幅，定好视高、主点P。找到最远角两倍的距点X（图3-16）。

步骤二

从房间正面四个角A、B、C、D向主点引出消失线（图3-17）。

步骤三

在基线上量出9cm进深并作出线段BE，连接E点与距点X，得到进深F点，从F引水平线和垂直线，并相应求出这两条线的平分线，求得后墙立面（图3-18）。

步骤四

在画幅上取AG为1cm，G点消失于主点P，交后墙于M；取GI为2cm，I点消失于主点P，交后墙于N点。作过点M、N的两条垂线。在画幅上找出GR为4cm，R点消失于主点交后墙于点L，绘出过点L的水平线得LK，LMNK平面为门的透视图（图3-19）。

步骤五

根据已知条件，找到G、X、O三点，并分别连接GX与OX，得到R、S两点，并过这两点画垂线，在画幅边线BD上分别量出BQ为2cm、QU为4cm，从Q、U两点向主点引消失线得平

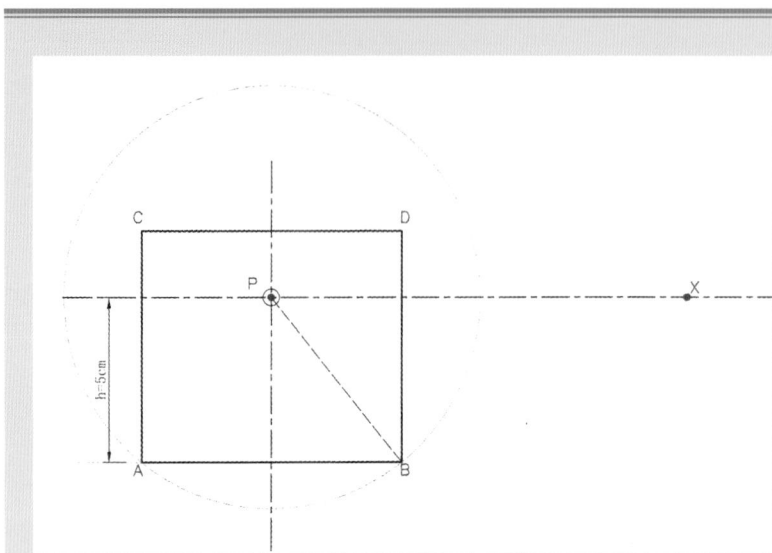

图3-16 步骤一

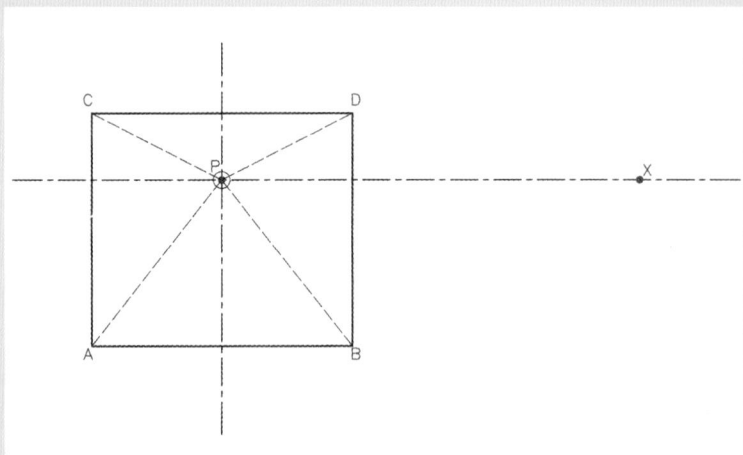

图3-17 步骤二

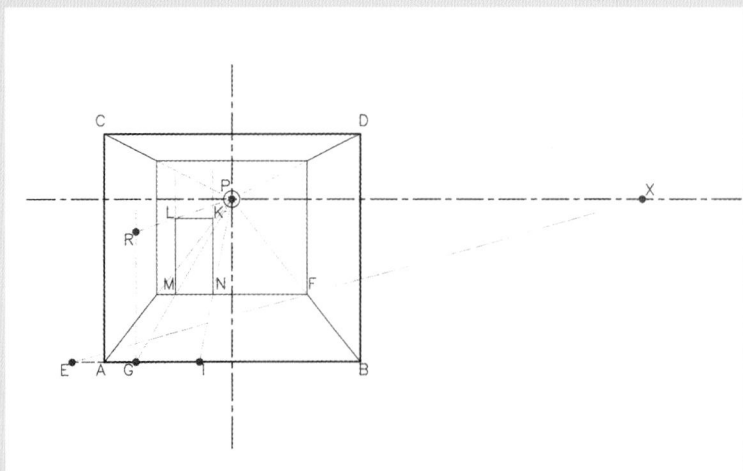

图3-18 步骤三

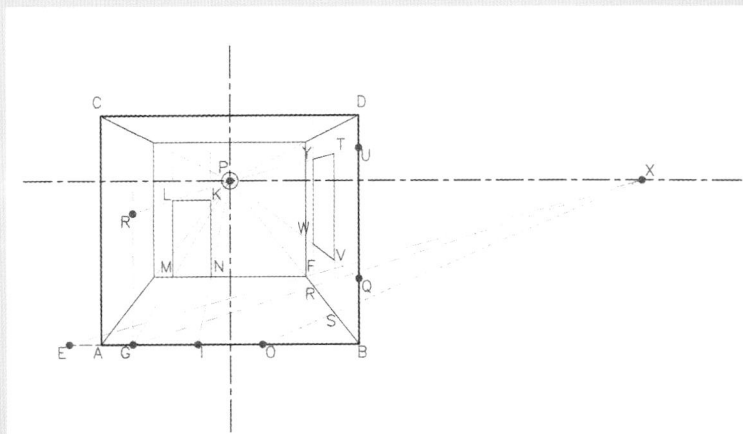

图3-19 步骤四

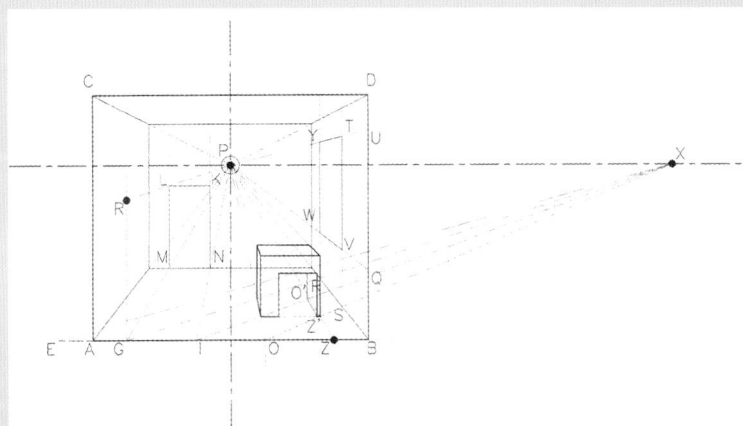

图3-20 步骤五

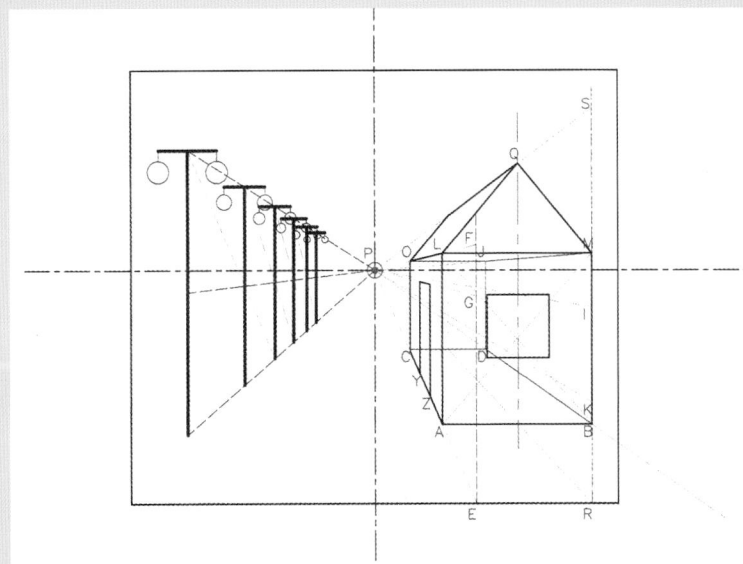

图3-21 室外平行透视图

面为VWTY的窗的透视图（图3-20）。

步骤六

在画幅基线上量出BZ为1cm，作为距右墙距离；ZO是2cm，作为茶几长度；OI是2cm，作为茶几深度。从Z、O两点向主点引消失线，并分别连接OX、IX交ZP、OP于Z'、O'，Z'O'为茶几深度，根据已知尺寸和求出的点可绘出茶几大体透视形态。

3. 绘制室外平行透视图

已知第一盏路灯与第二盏路灯的透视间距，ABDC为警卫亭与地面接触底面，辅助线上EF线段为屋檐到地面的高，EG线段为门高，ZY线段为门宽，HI线段为屋顶到地面的高，JK线段为正方形窗的尺寸，窗的位置在墙体上居中。分步绘出有六盏路灯的室外平面透视图（图3-21）。

步骤一

绘出第一、二盏路灯，连接路灯两端并画线消失于主点。取第一盏路灯中点向主点引消失线，过第一盏灯顶端向第二盏中点引辅助线，相交于底端线的点就是第三盏路灯的位置，以此类推画出其余四盏路灯。

步骤二

画出A、B两点的垂直辅助线，根据已知线段EF，消失主点交A点所在辅助线于L，过L作水平线交B辅助线于M，连接M与主点，与D点所在垂直辅助线交于J点，长方体透视图绘制完成。

步骤三

求出房屋正面中心位置，过中心点作垂直辅助线，根据RS为已知屋顶高度，并消失于主点，得出屋顶点Q，连QL、QM画出了屋顶斜面透视。

57

步骤四

线段ZY为门宽,根据线段GE为已知门高,消失主点与线段ZY的垂线相交,门的透视图完成。

步骤五

根据线段IK为已知正方形窗尺寸,消失主点与中心线相交得到R、S两点。已知窗在墙面正中,可根据已有条件将窗透视图绘出。

3.2.4 停点法

简单来说,停点法就是将视点与立方体顶视图的各点相连,并与视平线相交形成投射点,再根据投射点画垂线停在基线上,作得透视图,即停点垂直(此方法不涉及任何尺寸)。

已知三个立方体的顶视位置、侧视的高度、尺寸、视平线、主点、视点和基线方位,求绘制出三个立方体的透视图(图3-22)。

步骤一

顶视图中,第一、二个正方形上的A、B两点已停留在视平线上,我们可直接引垂线,在基线上得到点E、F,将EF两点消失于主点。

步骤二

将视点与顶视图的正方形上的C、D两点相连,与视平线交于G、H两点,根据G、H两点引垂线可得I、J,将两点相连,画水平线可得底面EFJI。

步骤三

经过侧视图上的K、Y引出水平线交E、F并过这两点画垂直线交于M、O可得EFOM正面正方形,根据M、O消失主点,与IJ作垂线,可绘出两个立方体的平行透视图。

步骤四

在第三个立方体的顶视图上的A、B两点画两条垂线,在视平线上得AA'、BB'为立方体与画幅距离。画出与A'B'相垂直的线停在基线上得出E、F两点,此两点消失于主点。

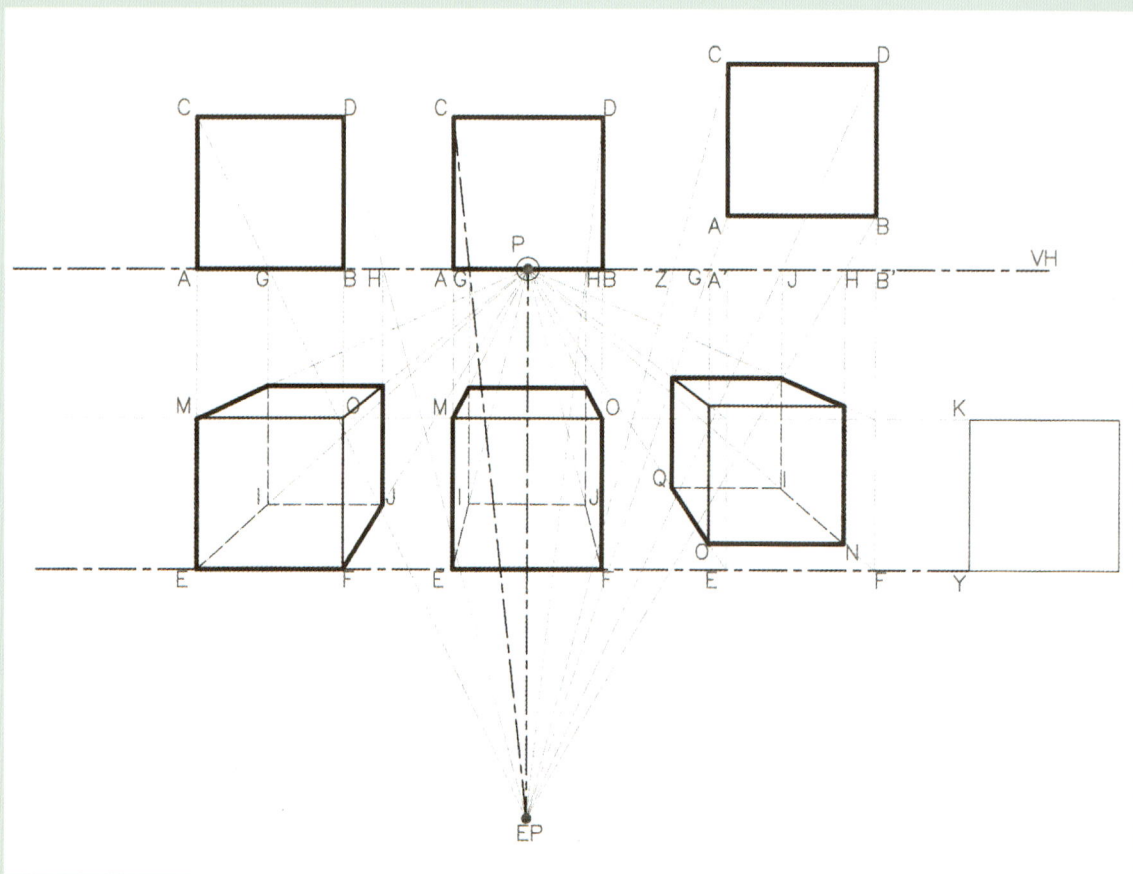

图3-22 停点法透视示意图

步骤五

将第三个立方体的顶视图的正方形ABDC与视点直线连接，在视平线上得G、H、Z、J四点，过这四点的垂线可绘出透视深度四点O、N、Q、I，将这四个点水平连接，得到底面正方形，再将侧视图高度KY平移使点Y与O重合，便可求出第三个立方体透视图。

3.3 平行透视常见误区

平行透视误区主要体现在其主要元素的单一性。

平行透视只有一条视平线、一个主点，也只有一个消失点，不可存在多个。可造成误区的情况大致有以下四种（图3-23至图3-30）。

误区一

平行透视只有一条视平线、一个主点、一个消失点（图3-23至图3-30）。

误区二

定距点时以距最远角两倍长度为宜，不要定得太短，以免导致正方体变形（图3-31至图3-32）。

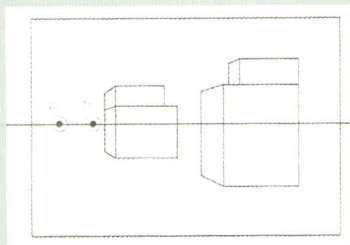

图3-23 平行透视误区一的第1种情况

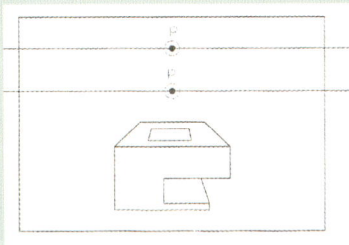

图3-27 平行透视误区一的第3种情况

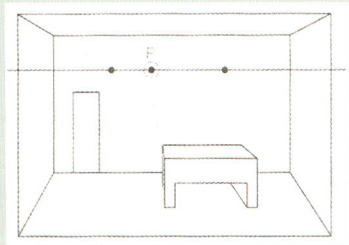

图3-29 平行透视误区一的第4种情况

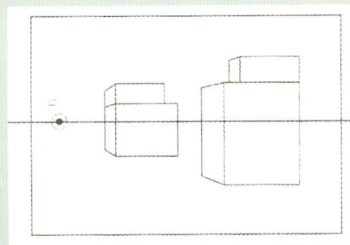

图3-24 平行透视误区一的第1种情况改正

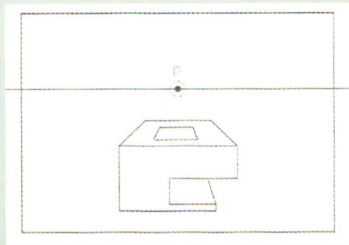

图3-28 平行透视误区一的第3种情况改正

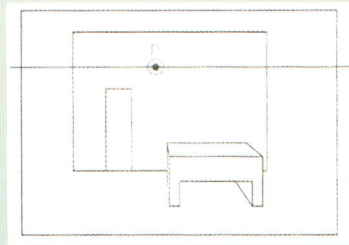

图3-30 平行透视误区一的第4种情况改正

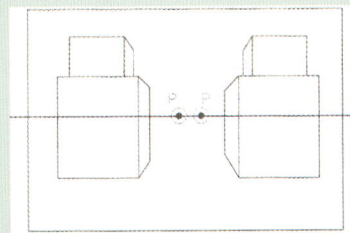

图3-25 平行透视误区一的第2种情况

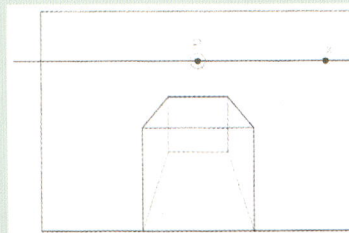

图3-31 平行透视误区二

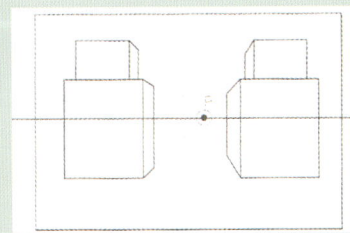

图3-26 平行透视误区一的第2种情况改正

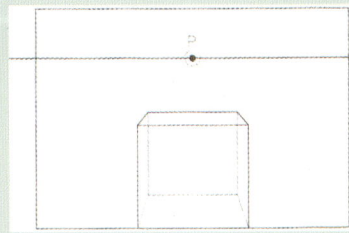

图3-32 平行透视误区二改正

3.4 平行透视应用案例

平行透视的案例在生活中比比皆是，由于其主要元素的单一性也相对比较容易识别。平行透视给人带来很强的空间进深感，稳定且强调视觉核心。

如图3-33、图3-34两幅风景画属于比较典型的人视角平行透视，向远处延伸的街道和整齐排列的树木消失于一点，画中黄昏的雾气强化了画面空间感。图3-35画内室内环境为平行透视，天花板和巨大的柱子向远处一点消失。图3-36、图3-37主点偏向画面右侧，画中木栈道、房屋都想着这一点延伸。图3-38硬朗的钢笔线条将画面组织的极为规律，线条的质感极富表现力的将人的视线向主点引导。如图3-39欧式的室内装饰复杂，但并不破坏规则部件的透视特征。形成画面主体的大面积开窗形成典型的平行透视阵列。图3-40为岳麓山光明寺剖面透视图，为典型的一点透视。如图3-41、图3-42两幅建筑效果图，无论建筑本身还是周边的景观图面表现都有明确的延伸线条，突出体现了建筑在空间内的秩序感，显得稳重、有气势。

图3-43从建筑夹缝看向远处古建筑大门，天然形成一个具有平行透视特征的取景框，加上地上延伸的白线更加强调了古建筑的视觉核心效果。图3-44中国农业银行总行的广场上，发光地砖的有秩序排列，强化了广场的空间感，破除了高大建筑前广场的先天空间局限。从视觉上形成空间错觉，让人们在广场上活动时不至于产生压抑的感觉。图

3-45为中国农业银行广场的摄影作品，作者运用了光轨技巧，所有轨迹归为一点，给人奇妙的视觉体验。图3-46狭山池美术馆室外空间的线条极为干净，设计师有意的对这些边线进行归纳。这些经过归纳设计的线条在平行透视的框架下生动的塑造了简约到极致外部空间。如图3-47北大医学部室外空间的白色线条和法桐排列形成平行透视，简洁而严肃，透露出凄然的美感，寓意生命的延伸。

图3-48至图3-52为室内效果图，图面运用了典型的平行透视，增强了空间进深感。图3-53黑色的方框环状阵列，秩序感极为强烈，利用了平行透视的特点给人造成视错觉，仿佛从眼前向远处一点延伸。图3-54工业设计效果图的各方向视图，利用了平行透视的视觉特点，给人平稳、结实的感受。图3-55CG图中巨大的机器人在平行透视的影响下显得格外巨大，强化了作者想要表达的视觉震撼。

图3-33 黄昏风景画一

图3-34黄昏风景画二

图3-35 芙里尼在法官们面前

图3-36 海景速写一

图3-37 海景速写二

图3-38 钢笔速写

图3-39 室内水彩画

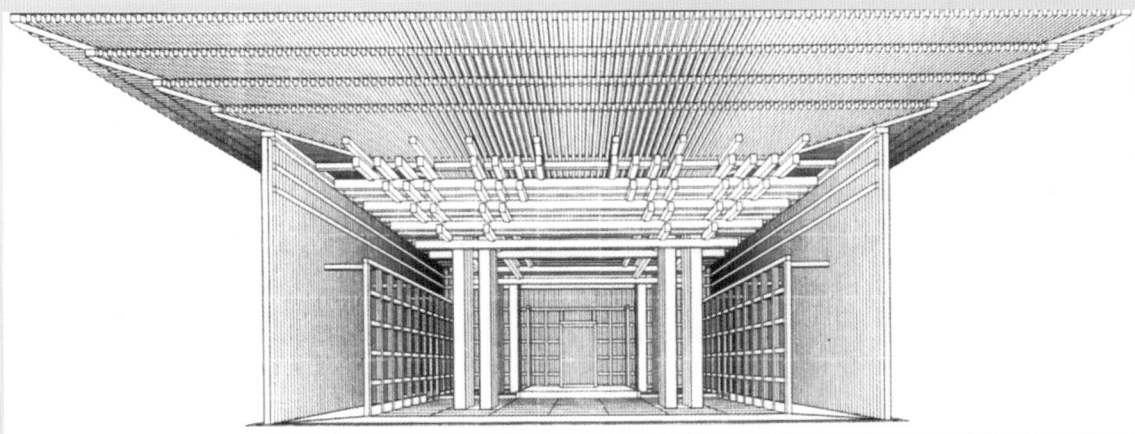
图3-40 岳麓山光明寺剖面透视

图3-41 迁安天洋城4代建筑效果图

图3-42 运河壹号建筑效果图

图3-43 建筑效果图

图3-44 农业银行总行广场

图3-45 光轨摄影

图3-46 日本狭山池美术馆

图3-47 北大医学部景观

图3-48 室内设计效果图一

图3-49 室内设计效果图二

图3-50 无锡梵宫室内

图3-51 室内设计效果图二

图3-52 室内装置

图3-53 平面设计

图3-54 工业设计效果图

图3-55 动漫设计

复习与思考

1. 平行透视的概念是什么？
2. 平行透视是如何形成的？
3. 平行透视的特点是什么？
4. 平行透视透视深度求法是什么？
5. 请绘出室内平行透视图。
6. 对停点法求平行透视图有怎样的认识？

CHAPTER 4

成角透视

对透视的探讨进入到更为复杂的阶段, 如果说平行透视所代表的一点透视是进入透视世界的一扇大门, 那么成角透视所代表的两点透视就是登堂入室的开端, 它将透视世界的复杂性缓缓展开, 这也为透视学习提供了新的途径。

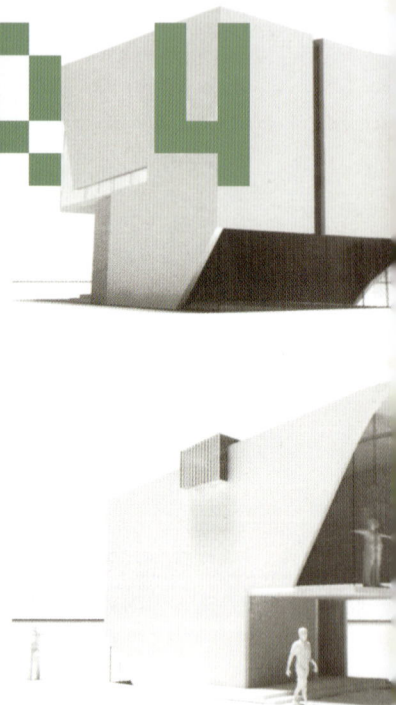

▎课题概述

本章对成角透视的特点、成因、方法进行了讲述, 并列举大量生活中的实例便于理解和联想。

通过对成角透视方法介绍和解析, 将读者带入真实的透视世界, 为全面了解透视打下基础。

▎教学目标

要求能正确理解成角透视的成因, 合理运用成角透视表现物体和空间。

▎章节重点

成角透视的形成及特点。

4.1 成角透视概述

成角透视作为一种基本的透视形式，在我们身边无处不在。它是景物纵深与视中线成一定角度的透视，也是形成透视体系的一部分。

4.1.1 成角透视的形成

在日常生活中，当我们平视着平放的立方体时，根据中心投影原理，立方体投影在视域内的透明平面（即画幅）上与画幅会产生角度关系，这个立方体两组水平边线与画幅相连接并形成非90°的角，并向主点两侧延伸并消失于两点，那么这个立方体就在人的视觉上呈现成角透视关系。当立方体与画幅成角而观察点所在位置不同时，我们所看到的结果就会不同。如观察点在立方体外部时，消失点遵循左立面消失左余点，右里面消失右余点的原则，这也是室外建筑成角透视表现的基本适用原则；而当观察点在立方体内部时，消失点遵循左立面消失右余点，右立面消失左余点的原则，这是室内建筑成角透视表现的基本适用原则。

成角透视关系是一种常见及经常应用的透视关系，它给人一种对称稳定的视觉感受。它变化丰富、角度灵活、构图趣味性强的特点，十分有利于情境的刻画，易于设计师进行方案的表现和说明（图4-1至图4-4）。

4.1.2 成角透视的概念

在方形物体的六面中，会有顶面和底面平行于地面，其他四个面相对于画面倾斜并成一定角

图4-1 农民的婚礼

图4-2 模特

图4-3 景观手绘透视图

图4-4 室外空间的透视表现

度，向纵深平行的直线上产生了两个消失点所形成的透视，就叫成角透视。在这种透视中，方体左右两个立面与画幅所成角度之和为90°，并且这两个面的水平线向两侧的消失点消失。由于成角透视存在两个消失点，所以又被称作"两点透视"，又由于两个角互为余角，所以又称"余角透视"（图4-5）。

4.1.3 成角透视的规律与特点

成角透视具有更加明显的体量关系，这种体积感是由于它多消失点，因此它的特质的核心在于其多消失点与体量变化的关系。

经过对成角透视概念的了解，得知成角透视是最符合正常视觉的透视，它所遵循的是有两个灭点的消失规律，其特点包含以下几个方面。

1. **成角透视的消失规律与特点**

① 人的视向为平视。

② 存在两个消失点。

③ 不存在与画幅平行的面。

④ 与画面成45°角的平行线，投射成透视图时会集中消失到距点上；与画面成0°到45°角的平行线，投射成透视图集中消失到外余点上；与画面成45°到90°角的平行线，投射成透视图是集中消失到内余点上。

⑤ 所有的竖直平行线都是原线，没有灭点。非竖直平行线都是变线，消失于余点或距点。

⑥ 立方体上下移动，越接近视平线则顶面与底面的成角边夹角越大，当立方体顶面或底面位于视平线上时则成角边与视平线重合。反之越远离视平线则夹角越小，体积感越强（图4-6）。

2. **成角透视的三种状态**

成角透视在角度的无数变化中可归纳为三种状态，即微动状态、一般状态和对等状态（图4-7）。

① 在微动状态下，立方体两侧的竖直的立面旋转角度较小，左侧立面的平行线消失于主点附近的左余点，正面平行线消失于离主点很远的右余点。

② 在一般状态下，立方体两侧竖直立面旋转角度较大，两个侧立面的平行线向主点两侧消失，主点和两余点的距离相差较小，如一侧与画面成30°角则另一侧成60°角。

③ 在对等状态下，立方体两侧的立面都旋转45°角，侧立面旋转角度大小相等，左右两组平行线消失于距点。

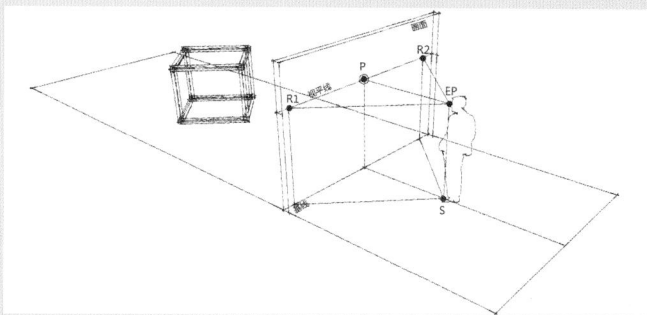
图4-5 成角透视示意

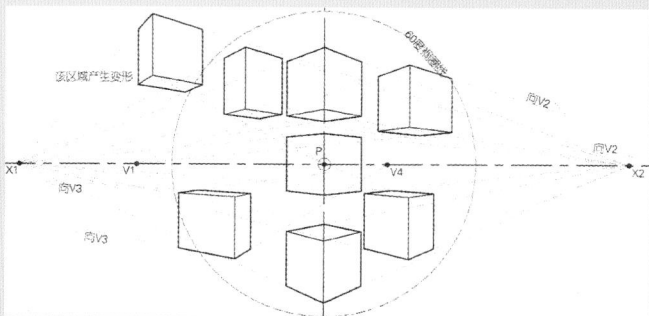
图4-6 成角透视规律

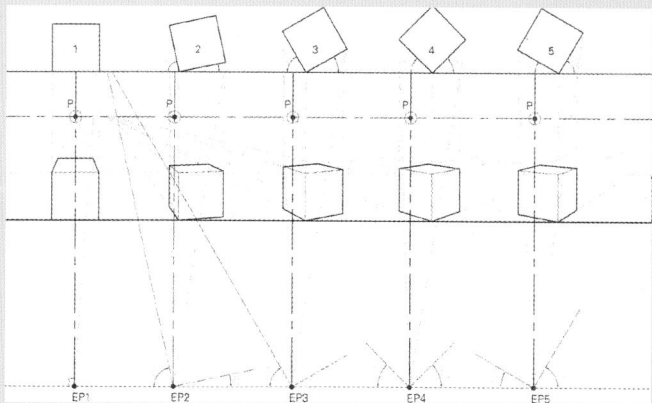
图4-7 成角透视的状态分析图

4.2 成角透视基本绘图法

成角透视的绘制方法，与平行透视的绘制方法相同，首先要确定视点、主点、视平线、画面、视中线、消失点等基本要素。在绘制成角透视时，关键是确立变线的灭点位置，其方法也有多种类型。

4.2.1 反比定位法

对成角透视规律进行细心观察就会发现，当正方体相对于画面有夹角时，立方体两个侧面的角度总是与画面保持着一个恒定的关系，即立方体与画面相交的直线上的点分别与两余点连线的夹角是90°。这样两余点在视平线上存在反比例关系。一个余点与主点的距离为视距的几分之一，则另一余点与主点的距离就是视距的几倍，这就是所谓的反比定位法。用这一规律即可定出一对余点的位置，见图4-8至图4-9。如果左余点与主点的距离为视距的1/2，则右余点与主点距离为视距2倍。

4.2.2 透视深度确定法

绘制透视图的关键就在于求得透视的深度，平行透视的透视深度是借助距点求得的，成角透视则要依靠测点求得。

测点是以余点为圆心，余点与视点距离为半径画弧，与视平线相交所得的点，一般用M表示。如图4-10所示，已知线段AB与AC长度相同并为已知方体的深度分别连接AR 1和AR 2，连接M 2、C和M 1、B得

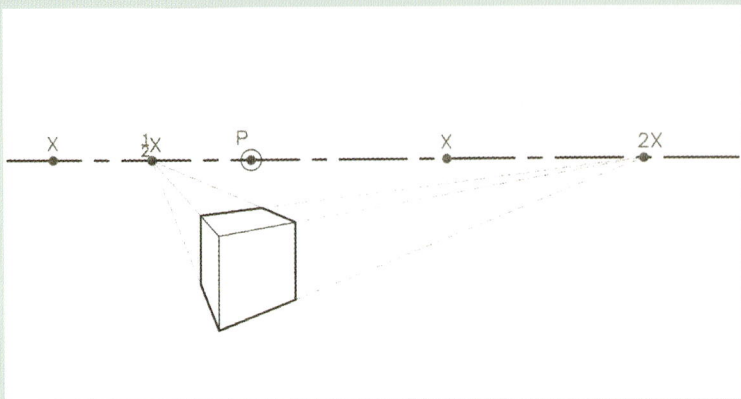

图4-8 反比定位法示意图（1）

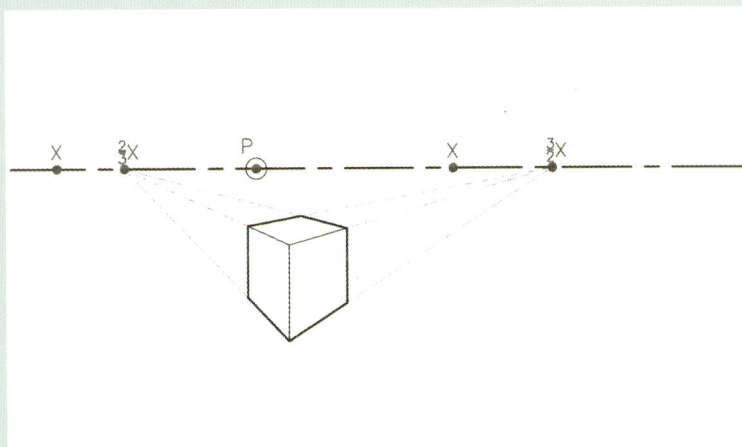

图4-9 反比定位法示意图（2）

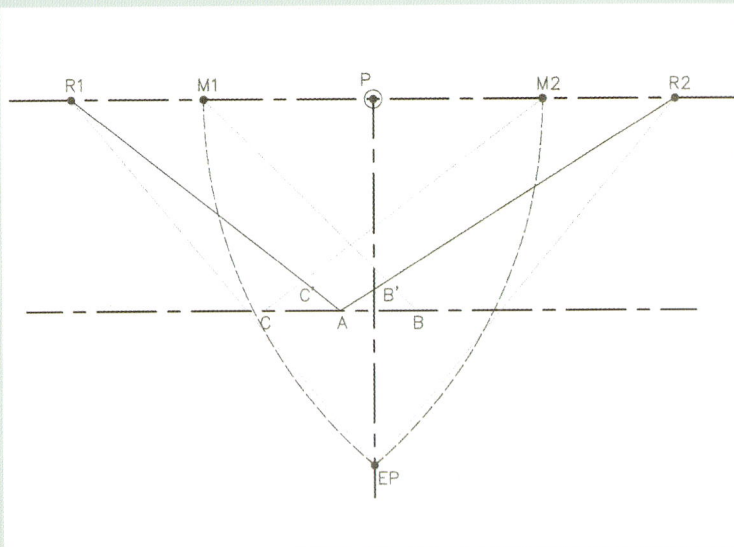

图4-10 透视深度确定法示意图

到C'、B'。B'表示右面消失线深度，C'表示左面消失线深度（图4-10）。

4.2.3 停点法

当顶视立方体且立方体与画面成左右对等的角度时，侧视立面如图4-11所示，用停点法求做平视立方体成角透视图。

步骤一

根据顶视第一个正方形，可画出平行线过视点，以此找到R1、R2两个余点。第一个正方

形的A点停在视平线上，过这个点可直接画垂线，交基线于A'，从A'出发消失于两余点。

步骤二

从BD向视点画连线，交视平线于B'、D'两点，过B'、D'作垂线交消失线于E'、F'，将E'、F'分别消失于R1、R2点交得到G点，立方体透视底面AE'GF'完成。以此为根据，平移侧视图高度EF，完成第一个立方体成角透视图。

步骤三

用相同方法延长第二个正

方形的四条边线，在视平线上得到M、L、N、O四点，过L、N两点画垂线与基线交于Z、Q两点，并分别连接两余点交于H，过M、O作垂线与基线交于V、S两点，V点与R2点相连，S点与R1点相连，得到U点，再分别连接VR1和QR2得到T点，连接SR1和ZR2得到Y点，连接QR1和ZR2得到H点，第二个立方体底面HTUY绘制完成。

步骤四

将侧视图高度EF平移，交NQ于Q'，连接Q'、V1两点并过H'画垂线于P'，将交于P'的两条线分别消失于两侧余点，得T'、V'两点，连T'、R2与V'、R1得到点U'，完成第二个立方体的透视。

4.2.4 成角透视的应用

结合前文的讲述，我们通过对正方体、室内空间的绘制来体会成角透视的基本区别。

1. 正方体成角透视图

已知画幅面积为7×8cm，高为5cm.主点P居中，得到最近点A。左面、右面均与画面呈45°夹角，正方体边长AB、AC、AE均为3cm.求作正方体成角透视图。

步骤一

按已知尺度定好画幅，根据视高画出视平线，并确定居中的主点P，定由P点到正方形顶点的两倍距离为视距，以主点P为圆心画弧交视平线于X1、X2点。分别以X1、X2为圆心，以视距长为半径画弧，交视平线于M1、M2，则此两点为测点（图4-12）。

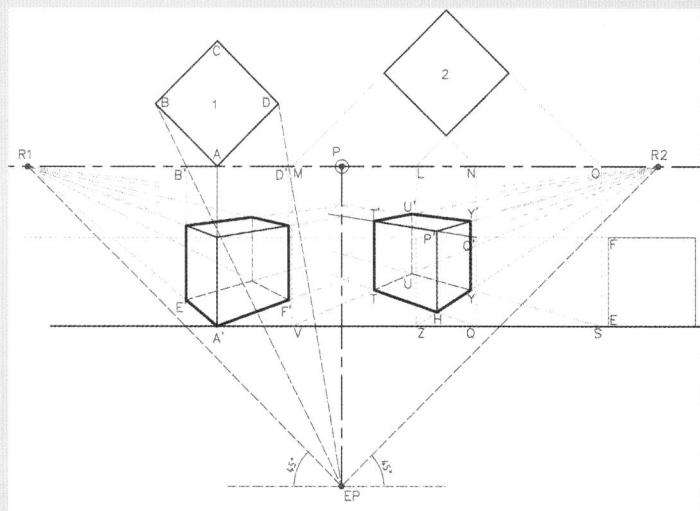
图4-11 停点法示意图

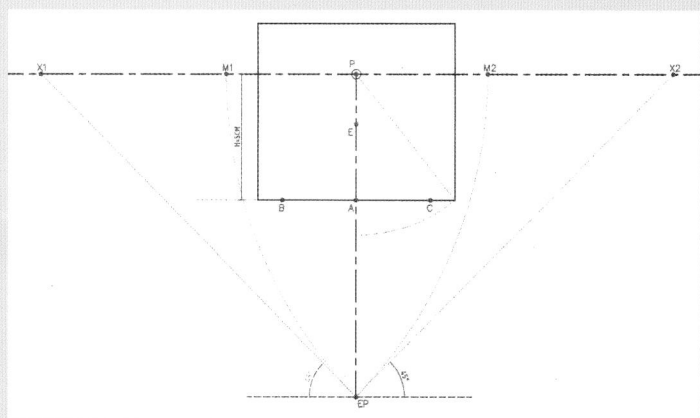
图4-12 步骤一

步骤二

在画幅上定好尺寸，AB、AC、AE均为3cm。从A点出发向左右距点消失，将B点与M2相连测得深度B'，并同样方法测出C'，连接B'X2、C'X1并相交于D点，得到透视底面AB'DC'（图4-13）。

步骤三

从E点出发向左右距点画线并消失，过B'、C'点画垂线得F、G两点，再将F点消失于X2、G点消失于X1，得到对等状态的立方体成角透视图（图4-14）。

2. 室内成角透视图

已知画幅面积为7×8cm，高为3cm，左边墙体与画面成30°夹角，右墙则与画面成60°夹角，主点P居中。墙角位于偏画面右侧1cm，深度为7cm，墙高8cm。门离墙角距离为2cm，门立面的规格为5×3cm。窗立为4×4cm且高于地面2cm。求做室内成角透视图，以下为具体步骤。

步骤一

定好画幅、主点、视高、视点和右侧距点，根据已知角度确定余点位置（注意求余点时的辅助角度与墙角度的反比对应关系），并求出两个测点位置（图4-15）。

步骤二

将视距线与画面的交点向右偏移1cm取得的点为A点，连接A与主点，定AB为7cm,连接B、X交于C点。连接R1、C并绘出反向延长交基线于D，连接R2、C并反向延长交基线于E。过C、E、D三点做垂线，定出EF、DH为墙高，H点向R1消

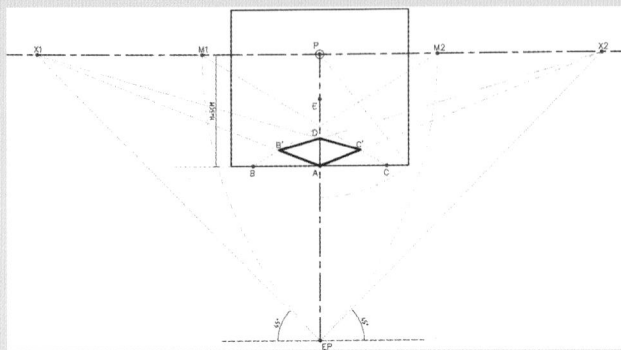
图4-13 步骤二

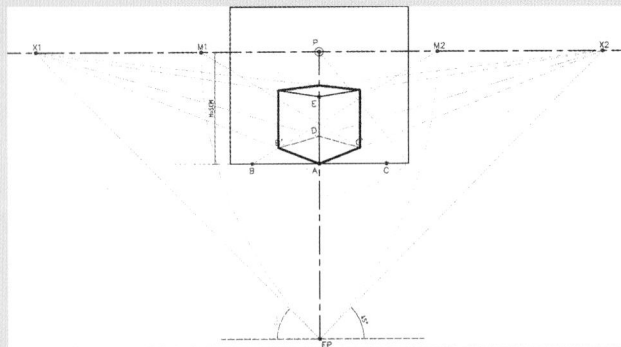
图4-14 步骤三

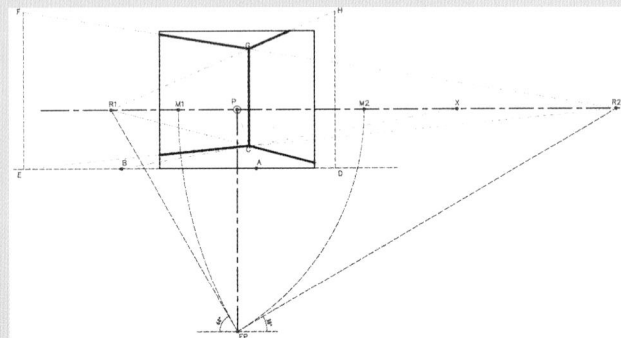
图4-15 步骤一和步骤二

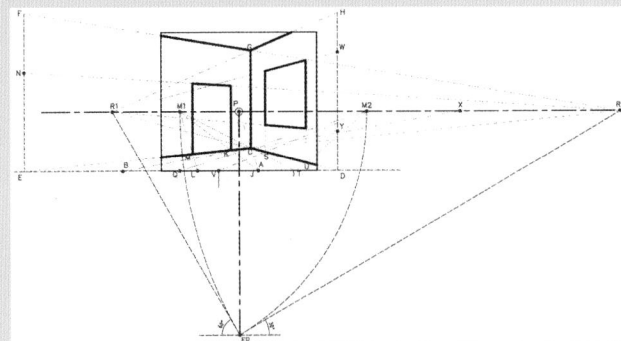
图4-16 步骤三和步骤四

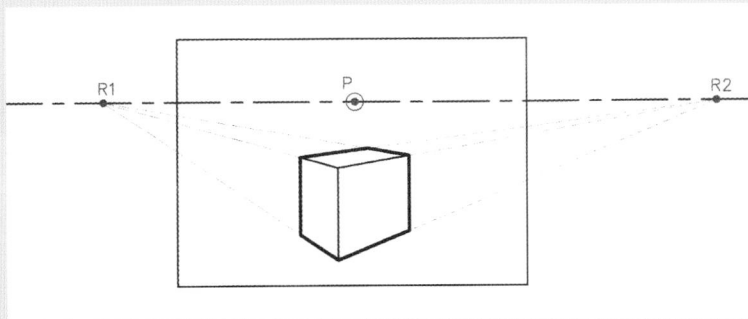

图4-17 错误画法

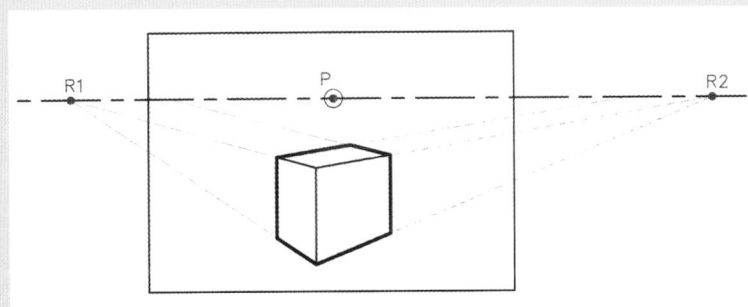

图4-18 正确画法

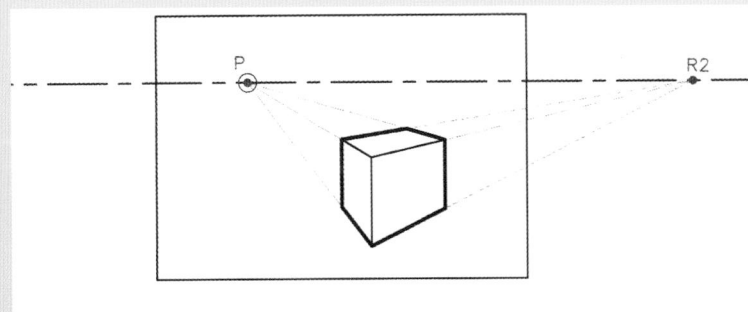

图4-19 错误画法

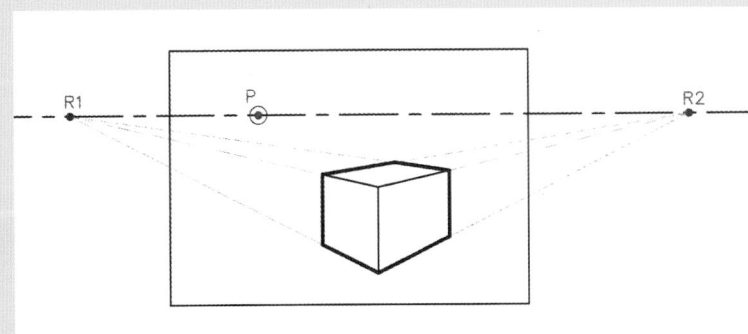

图4-20 正确画法

失，F点向R2消失，相交于G点，CG就是墙角线的位置及高度，室内墙体的成角透视便绘制完成。

步骤三

连接M2、C并绘制反向延长线交基线于I点，定门到墙角的距离等于线段IJ，连接J、M1交EC于K，定门宽等于JL，连接L、M2交EC于M，过K、M作垂线，在EF上定出EN为门高度，将N向R2消失，成透视绘制门完成（图4-16）。

步骤四

连接M1、C并绘出反向延长线交基线于Q，定窗户与墙角间的距离为QV，连接V、M2交CD于S，定窗户宽为RT，连接T、M2交CD于U，分别过S、U点作垂线。在DH上定出窗的立面高度YW，将Y、W分别消失于R1交过S、U垂线于两点，经整理窗户的成角透视完成。到这里，室内的成角透视图也就完成了。

4.3 成角透视误区

成角透视易产生的误区和它的核心特质是紧密关联的，即多消失点与物体和画面本身的关系。

误区一

在绘制立方体为成角透视时没有将所有变线向余点或距点消失（图4-17至图4-18）

误区二

在成角透视中，主点P仅仅是视点的投影位置，只是观察的辅助点，而不是消失点（图4-19至图4-20）。

误区三

一张平视成角透视图,可以由于有多个物体有多个消失点,但却只能有惟一视平线,消失点均在视平线上。两条视平线是错误的(图4-21至图4-22)。

误区四

同样旋转角度的组合物体在一幅成角透视图中消失点同一个,这样的情况是不应有多余消失点的(图4-23至图4-24)。

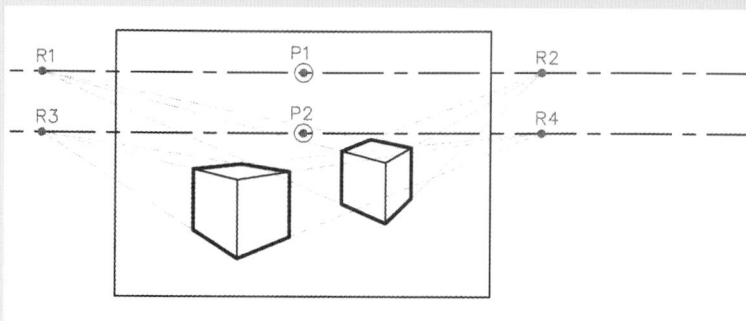

图4-21 错误画法

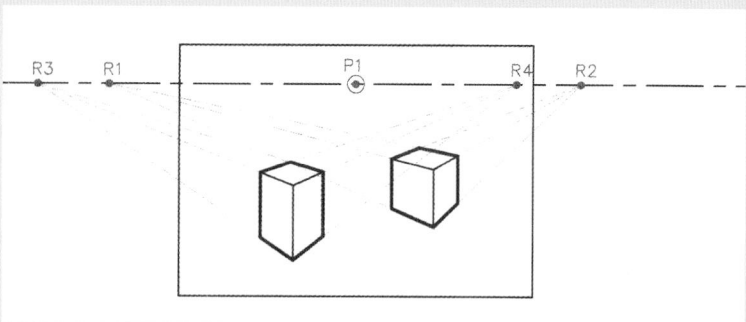

图4-22 正确画法

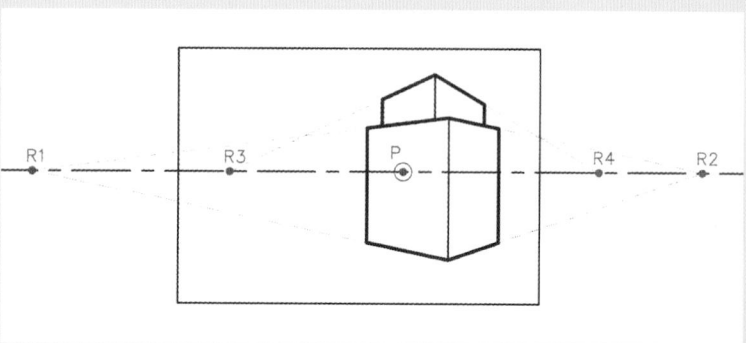

图4-23 错误画法

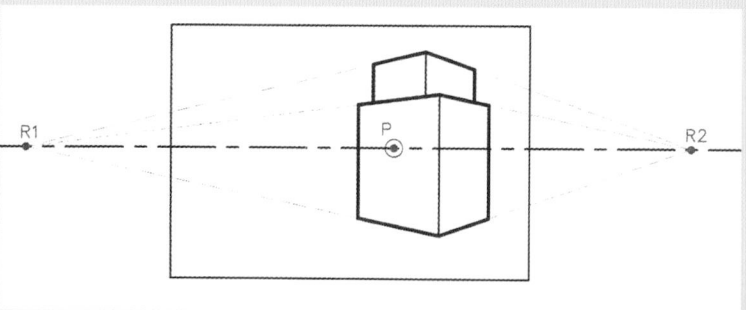

图4-24 正确画法

4.4 成角透视应用案例

成角透视对体量的塑造更加强调，它的应用通常会让空间表现力增强，使物体给人张力十足的视觉感受。

图4-25中雅典神庙成微动状态下成角透视，和平行透视相比空间体量被明显加强，对建筑的说明也更加全面了。图4-26概念建筑设计模型呈现成角透视，两个角度的透视图表达了整个建筑人视面。本身体量不大、极其简洁的建筑由于透视角度的原因表达了极强的视觉冲击力。图4-27效果图中建筑具有丰富

的立面效果，竖向的线条具有严谨的秩序，建筑感十足但有些呆板。成角透视的构图活跃了画面，向两侧消失弱化了竖向的趋势，很好的在图面上避免了这种呆板。图4-28三座建筑形成一个有组织的建筑组团，整个场地在图面中呈成角透视，由于固定视点，建筑各自具有不同的成角状态，导致组团图面层次极为丰富，建筑之间的关系也颇为生动。图4-29建筑处于成角透视，使得画面丰富生动。

图4-30欧式园林具有复杂繁琐的细部美感，但却缺乏空间变换的灵活性，效果图采用成角

透视绘制，活跃了空间视觉效果，也让整个广场区域更加全面的展示出来。图4-31花钵及其底座在画面中显示出成角特征，打破了呆板的直线道路对画面的影响。图4-32成角透视构图，更能突显楼宇入口门厅的创意，将"月亮门"的细部和空间关系展示的淋漓尽致。图4-33光之教堂的室内用材极为质朴，除了光塑造的建筑结构线条几乎没有任何装饰，照片中采用成角构图重新组织了这些线条，凸显光十字的神圣。

图4-34无论房间还是桌子都与画面成角，由于成角幅度较

图4-25 雅典神庙

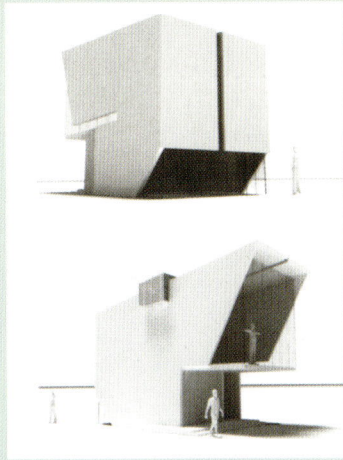

图4-26 建筑设计

图4-27 建筑效果图

图4-28 幼儿园建筑设计

大，加大了房间进深感，并造成极丰富的视觉感受。图4-35展示设计利用了成角的多视面特点，增大了展览可视面积，手法巧妙。

图4-36汽车手绘效果图在成角透视影响下，显得极具视觉冲击力，反应出鲜活的视觉感受。图4-37成角透视表现机器人更多细节，也让其看起来更为复杂精密。

图4-29 速写

图4-30 景观手绘效果图

图4-31 景观手绘透视图

图4-32 景观手绘效果图

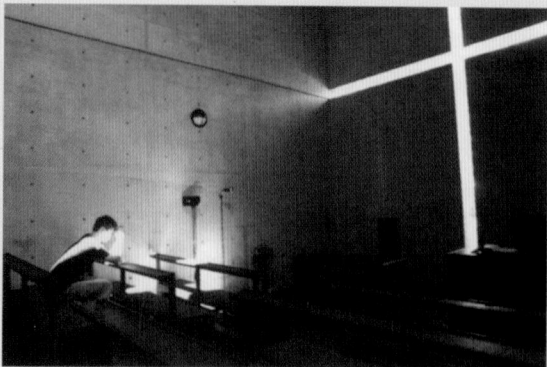

图4-33 光之教堂

图4-35 展示应用

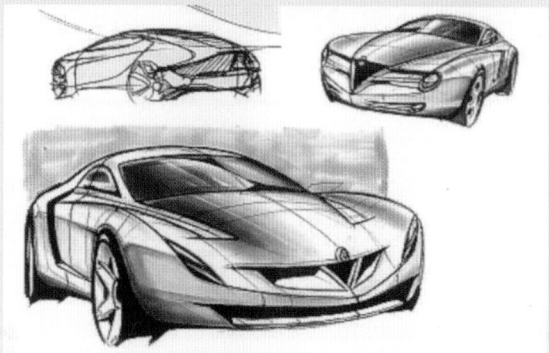

图4-36 工业设计手绘效果图

图4-34 室内水彩手绘透视表现

图4-37 CG设计透视效果畔

复习与思考

1. 什么是成角透视?

2. 成角透视规律和特点是什么?

3. 理解成角透视透视深度的测量方法。

4. 理解并熟练应用停点法作图。

5. 列举10个生活中倾斜透视实例,并加以分析。

CHAPTER 5

倾斜透视

在视觉作用范围内,斜面物体也会产生透视现象,这种透视遵循平行透视和成角透视所打造的框架,但由于倾斜面变线在透视过程中消失于天点或地点,因此也具有自己的独特之处。

▌课题概述

本章对倾斜透视的特点、成因、绘制方法进行了讲述,并列举大量生活中的实例便于理解和联想。

通过对倾斜透视的介绍和解析,使读者更加深入地了解透视,拓展透视的空间概念。

▌教学目标

要求能正确理解倾斜透视的成因,合理运用倾斜透视表现物体和空间。

▌章节重点

倾斜透视的形成及基本绘图方法。

5.1 倾斜透视概述

倾斜透视画面所反映的视角是比较特殊的，它并不像平行透视和成角透视那样为人们所常见，它的视角决定了它透视元素的位置有所不同。

5.1.1 倾斜透视的形成

在日常生活中，我们常常会平视平放的物体，若这个物体其中的一个面倾斜于地面并且也倾斜于地面并且也倾斜于画面，那么在有固定的视向、视点的情况下，这个面便会形成一个斜面。假如这种斜面有相互平行且不与画面水平的边，则这些平行线是变线，而且会产生透视变化后，便会集中消失在天点或地点上（图5-1至图5-2）。

图5-1 飞鸟博物馆

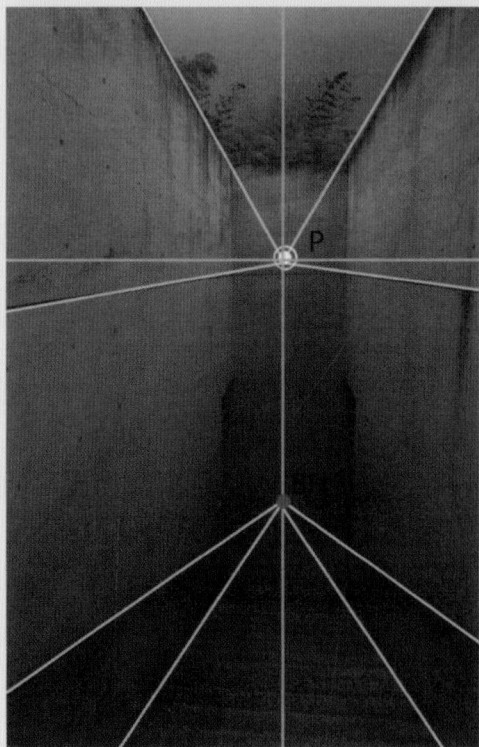

图5-2 真言宗水御堂

倾斜透视的斜面的存在形式多种多样，它们的组合方式也不受限制。比如我们常见的方形、圆形、三角形等基本图形都可以作为斜面，也可以将它们相互组合形成复杂的视觉关系。在实际生活中，其中最常见的就是中西建筑文化中的各式屋顶（图5-3至图5-6）。

图5-4 新天鹅堡的古典式屋顶

图5-5 平遥古城传统民居的屋顶

图5-6 欧洲小镇具有民族特征的屋顶

图5-3 紫禁城皇家建筑的屋顶

5.1.2 倾斜透视的概念

倾斜透视又称"三点透视"，是指立方体的三条主向轮廓线均与画面成一角度，这样三组线在画面上就形成了三个灭点。它是在成角透视的基础上，所有垂直于地平线的纵线的延伸线都聚集在一起，形成第三个灭点，从而产生透视关系，即三点透视。它的标志就是存在天点和地点，包括平视的倾斜透视和俯视、仰视的倾斜透视。由此可知下一章的俯视和仰视也属于倾斜透视。

一般情况下，倾斜透视基本上可以归纳为四种表现形式：上斜平行透视、下斜平行透视、上斜成角透视、下斜成角透视。这里的"斜"指的是斜面状态，"平行"和"成角"指底迹面、底迹线的状态（图5-7至图5-10）。

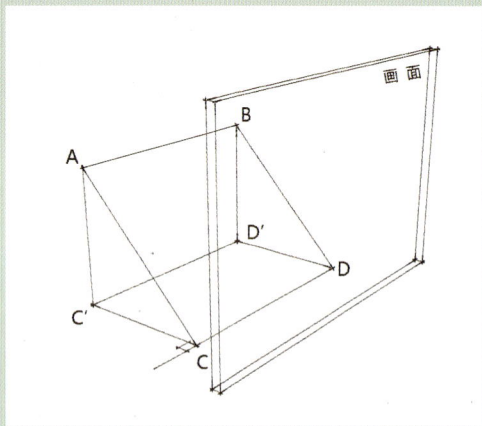

图5-7 上斜平行透视

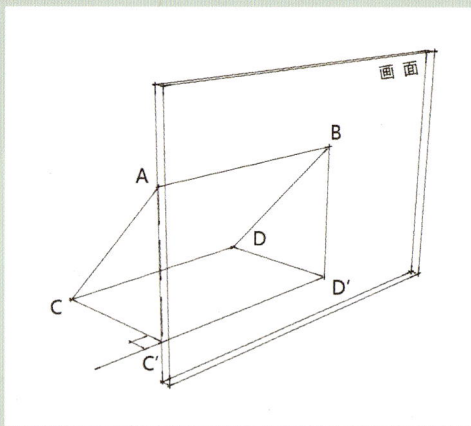

图5-8 下斜平行透视

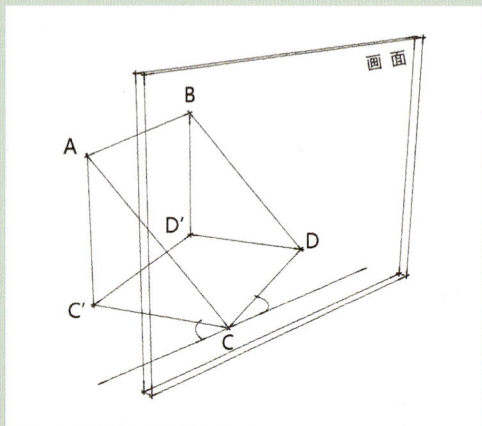

图5-9 上斜成角透视

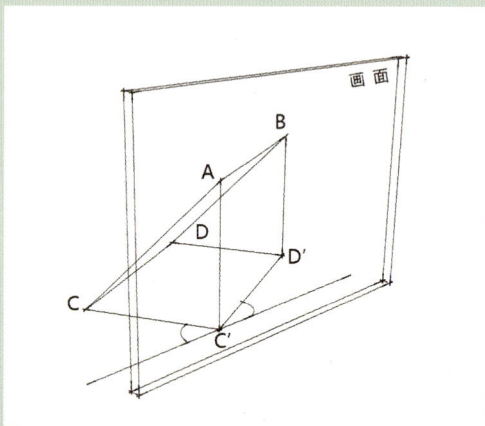

图5-10 下斜成角透视

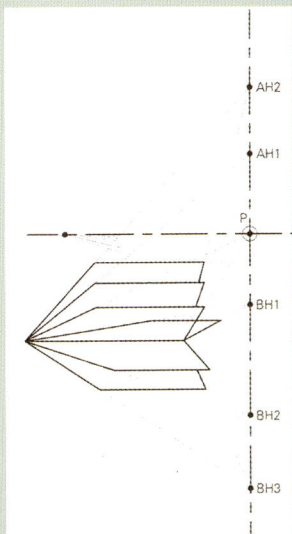

图5-11 平行上下斜

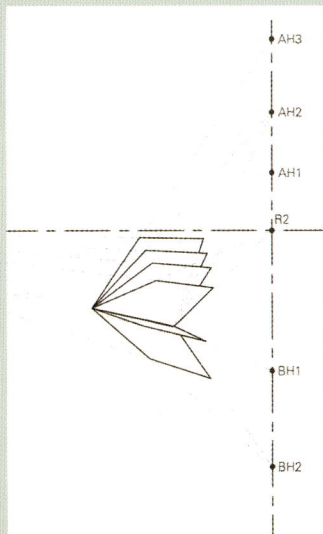

图5-12 成角上下斜

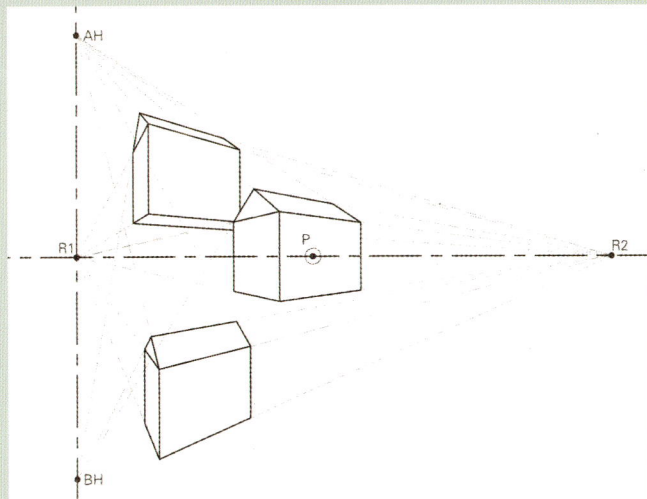

图5-13 天点、地点距视平线的距离相等

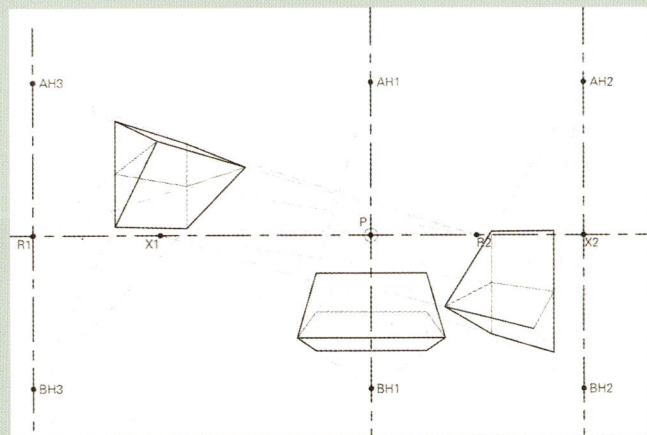

图5-14 天点、地点与主点（或余点）的关系

5.1.3 倾斜透视的规律与特点

由于倾斜透视基本遵循了之前所介绍的透视原理，这决定了它的特点主要集中于倾斜面与众不同的消失体系上至P天点和地点必然会成为其独特之处。

① 人的视向为平视。

② 对于方形物体的透视斜面，向上斜时会消失于天点，向下斜会消失于地点（图5-11至图5-12）。

③ 在倾斜透视中，灭点的位置取决于斜边斜度的大小，斜度大则灭点距底边边迹线远，斜度小则距离近。

④ 在同一斜面内，所有变线消失点都在斜面的灭线上。

⑤ 对于有对称特性的物体的斜面，只要倾角一致，它的天点与地点和视平线的距离就相等。但它与视平线的位置无关（图5- 13）。

⑥ 倾斜透视的天点和地点始终与主点或余点相关联。绘制斜面平行透视时，天点和地点在主点所在的垂线上；绘制斜面向右上或右下斜的透视图时，天点和地点消失在视垂线右侧的余点或距点垂线上；绘制斜面向左上或左下斜的透视图时，天点和地点消失在视垂线左侧的余点或距点垂线上（图5-14）。

5.2 倾斜透视基本绘图法

倾斜透视的绘图方法有很多种，我们这里需要掌握最基本的方法，为以后运用透视奠定基础。

5.2.1 定角度的倾斜面画法

对斜面的画法也有其特殊性。一般来说，先求底迹面，然后画垂线。当视向为平视时，垂线均为原线，最终再确定斜边的透视深度。

1. 上斜平行透视图做法

已知画幅面积为7×8cm，高为5cm，主点P居中，边长为4cm，斜面与地面成45°角，求上斜平行透视图，以下为具体绘制步骤。

步骤一

将画幅、视高、视平线、主点、2倍距点依次定好。在距点处做出直角边线定出45°角，并与视垂线交于一点，视此点为天点。

步骤二

在基线上居中位置画正方形边AB，将AB消失主点（图5-15）。

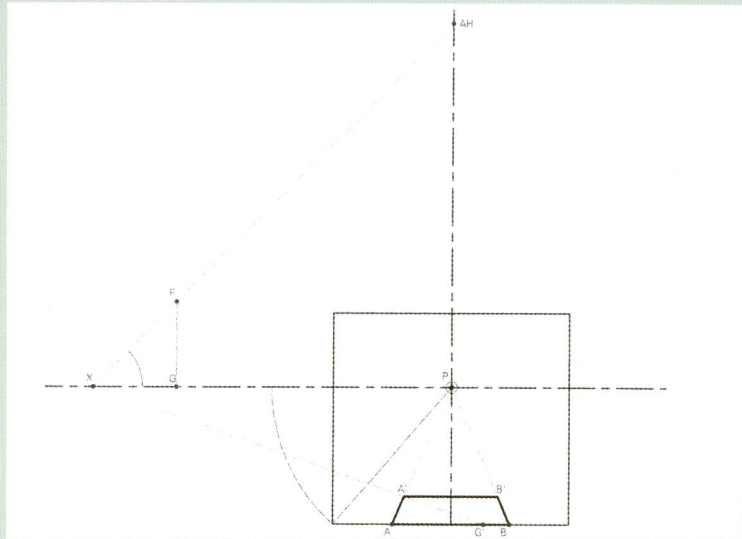

图5-15 步骤一和步骤二

步骤三

测量出XF为4cm，过F点向视平线引垂线，得到底迹面透视线段XG，在AB上量出AG'与XG长度相等。连接X、G'得A'点，过底迹面深度A'作水平线求得B'，底迹面就绘制出来了。

步骤四

A、B两点消失于天点，过A'、B'作垂线交于C、D两点，整理求得上斜平行透视图（图5-16）。

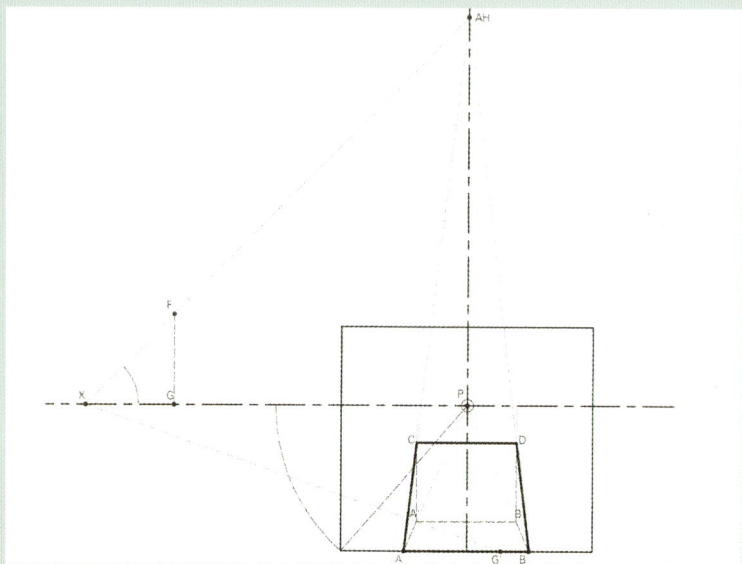

图5-16 步骤三和步骤四

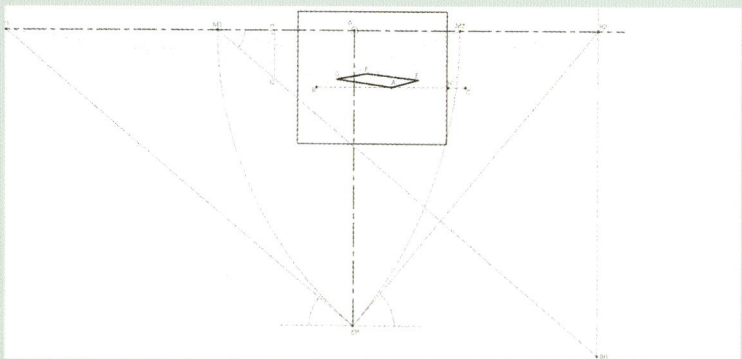

图5-17 步骤一和步骤二

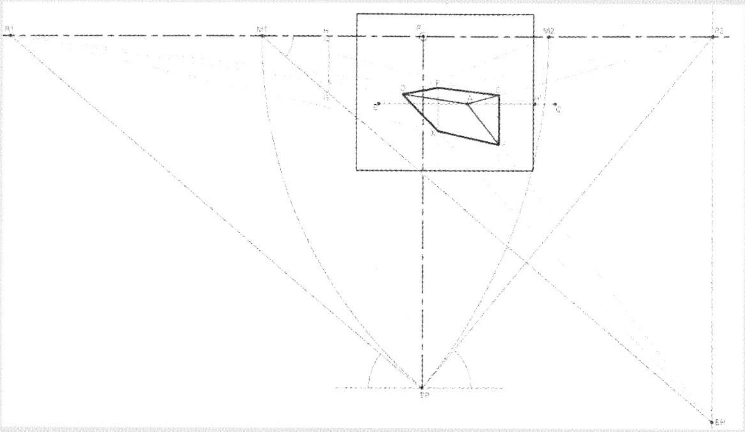

图5-18 步骤三

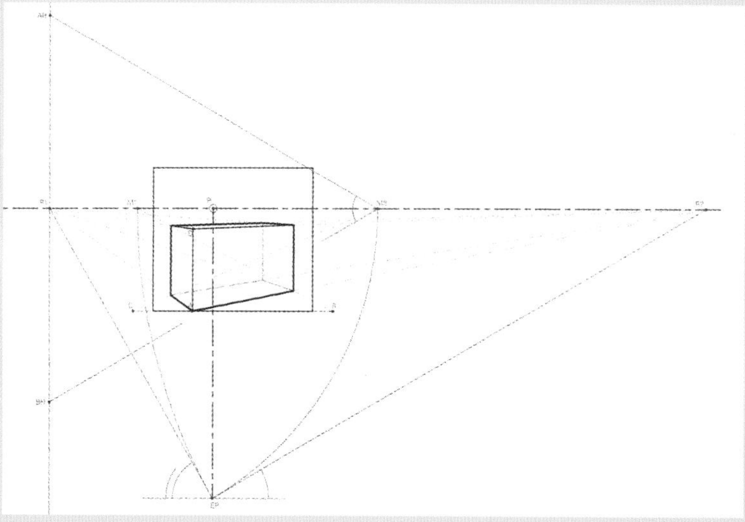

图5-19 步骤一和步骤二

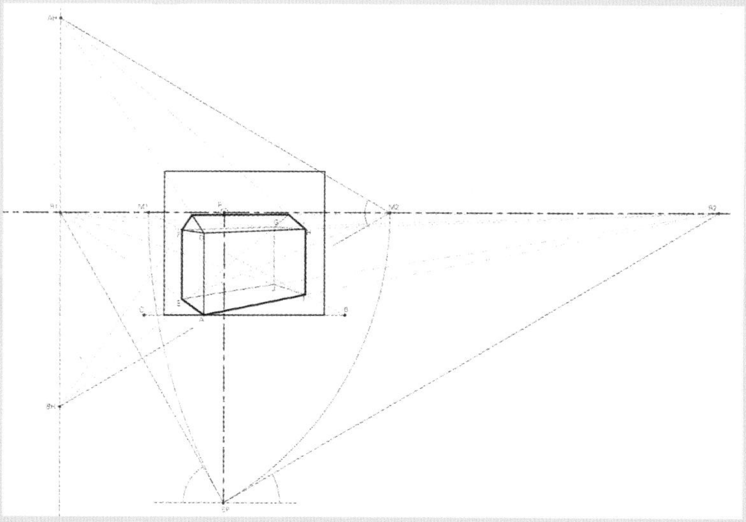

图5-20 步骤三

2. 下斜成角透视图

已知画幅面积为7×8cm，高为6cm，主点向左偏移1cm，最近点距右边线2cm，距基线求作下斜成角透视，以下为具体绘制步骤。

步骤一

将画幅、视高、视平线、主点、视距依次定好。定出左右两边的余点、测点，并过右余点做此点所在直线的垂线。

步骤二

确定出最近点A，做水平线段BC定出AB与AC均为4cm，A点消失于两余点，在M1点所在水平线上量出40°角并画线，与过R2垂线交于一点，此点为地点。在40°角斜边上量出M2G为4cm，过G点做垂线交视平线于H，在AC上量出AH'与M1H长度相同，过B、H'测得D、E两点透视深度，且D、E两点分别消失于相对方向余点后交于F，底迹面ADFE完成（图5-17）。

步骤三

将A、D两点消失于地点，过E、F两点向下画垂线与消失线交于J、K两点，将其相连后正好消失于左余点。经整理下斜成角透视图绘制完成（图5-18）。

5.2.2 斜面建筑框架透视画法

已知画幅面积为7×8cm，高为5cm，主点P距画幅左边线3cm，最近点在画幅左侧1cm，房屋向左倾斜成60°角，向右成30°角，房屋长7cm，宽3cm，墙高4cm，屋顶倾角均为30°，求做此房屋框架倾斜透视图。

步骤一

定出画幅、视高、视平线、主点和视距，过R1引垂线，M2测点量出上下两个30°倾角，并画出角边线，角边线交R1所在垂线于两点AH和BH，即天点和地点。

步骤二

将房屋按给定角度旋转，与画幅相反，在基线上定出近点A，房屋长是AB为7cm，房屋宽AC为3cm，房屋高AD为4cm，根据已有条件画出长方体（图5-19）。

步骤三

分别将D、H连接天点，将F、G连接地点，将这四条线分别反向延长，相交于K、N两点，KN正好消失于右余点。经整理后透视图绘制完成（图5-20）。

5.3 倾斜透视误区

倾斜透视的误区集中于天点和地点上，这两个斜面的消失点即是倾斜透视的特征也是最容易产生误区的环节。

误区一

天点和地点距灭点的距离相等，若不相等则会出现绘制透视图错误（图5-21至图5-22）。

误区二

同一斜面必须消失于同一天点或地点，不可出现分别消失于两点的情况（图5-23至图5-24）。

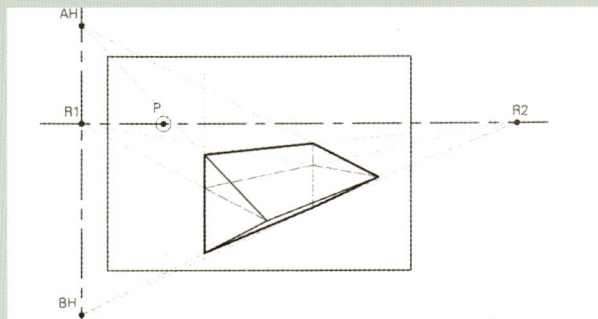

图5-21 错误画法

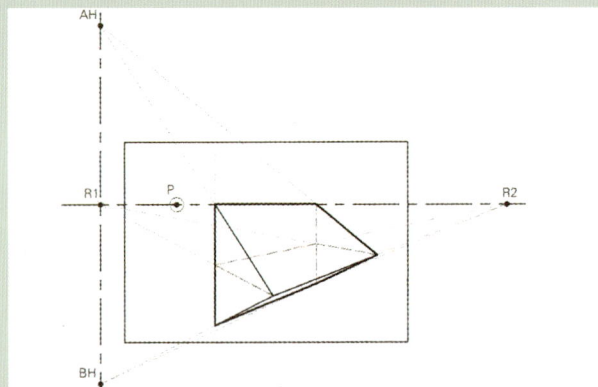

图5-22 正确画法

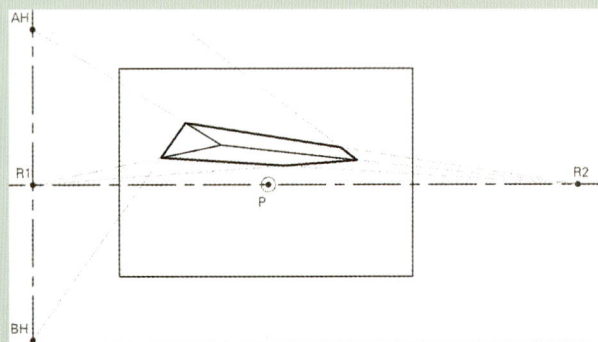

图5-23 错误画法

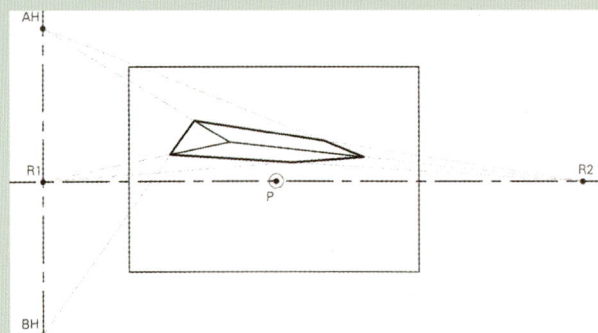

图5-24 正确画法

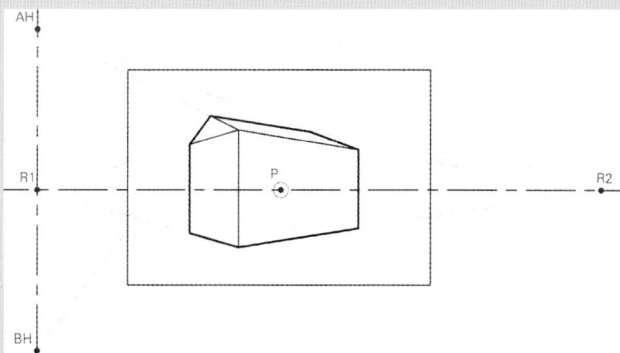
图5-25 错误画法

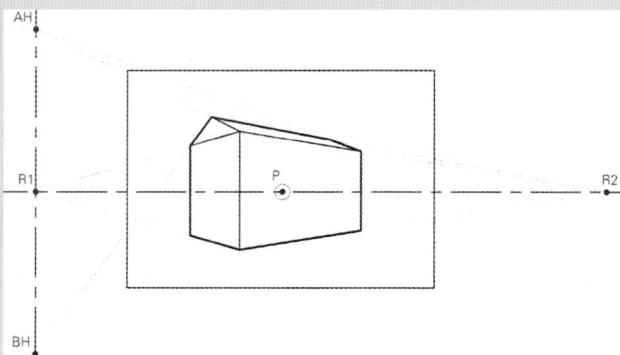
图5-26 正确画法

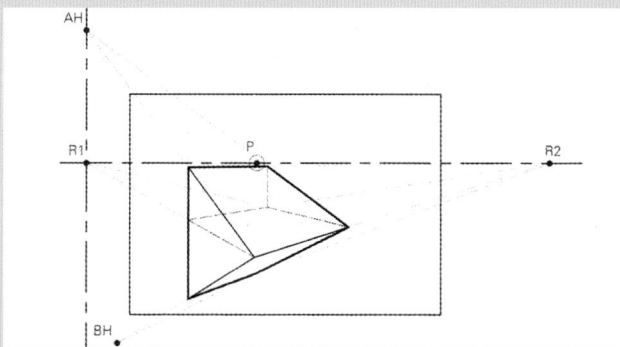
图5-27 错误画法

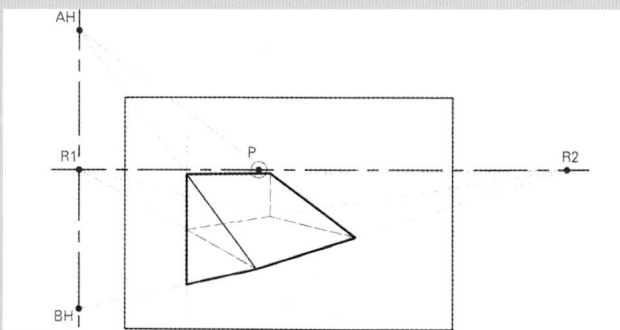
图5-28 正确画法

误区三

绘制房屋框架透视图时，屋顶要随房屋主体消失于同一余点（图5-25至图5-26）。

误区四

天点和地点应在同一垂线上，不可处于不同垂线（图5-27至图5-28）。

5.4 倾斜透视应用案例

倾斜透视由于没有脱离之前是透视框架，本身并没有对构图或视觉感受产生较大的影响，但它的应用特点在于使得事物或画面更为生动。

图5-29、图5-30这两幅图均为安藤忠雄的设计作品，他的作品对斜面的应用比比皆是，倾斜结构在他的安排下成为建筑点睛之笔。空间因为这样的设置而显得丰富多变，具有更多可能性，这样的应用已成为他设计的特点之一。图5-31扎哈的手稿舍弃了没有实质性的细节，只留下必要的建筑骨架，这使得倾斜透视的表达更为清晰，极具建筑美感。图5-32此图为扎哈手稿的实体建筑，与周边环境很好的融合，给予建筑倾斜面必要的表现舞台。

图5-33、图5-34这两幅图里的倾斜面运用手法相似，都将斜面作为空间内部装饰，追求空间个性。这样的运用形成复杂的倾斜透视关系，形成独特视觉感受。

图5-35三角形在平面内反复叠加，在二维平面中造成了三维视错觉。三角内的密集线条给人倾斜面的心理暗示，形成了复杂的构成效果。图5-36木构的"人"字型屋顶交叉组合，形成相对复杂的倾斜透视系统，这样的设计让建筑看起来更为轻灵，有跃跃欲飞的动感。

图5-37这幅CG作品中斜面的运用大气、直率，显得整个机器人简洁有力量。形成的倾斜透视也传达给人同样的视觉感受。

图5-38图中的建筑屋顶消失于天点，画面中多个斜面组成的屋顶使画面构成更为生动。图5-39的手绘表现中，倾斜的屋顶将建筑外立面分割成三个不同消失点的透视关系，丰富且生动。图5-40多个斜面组成的倾斜透视清晰地分割了画面，这样的分割也使对画面的控制和组织。

图5-41为上海世界博览会期间的意大利展馆，这样的倾斜空间形成了狭长且活泼的过渡空间，营造出艺术氛围。

图5-29 淡路岛梦舞台

图5-30 飞鸟博物馆

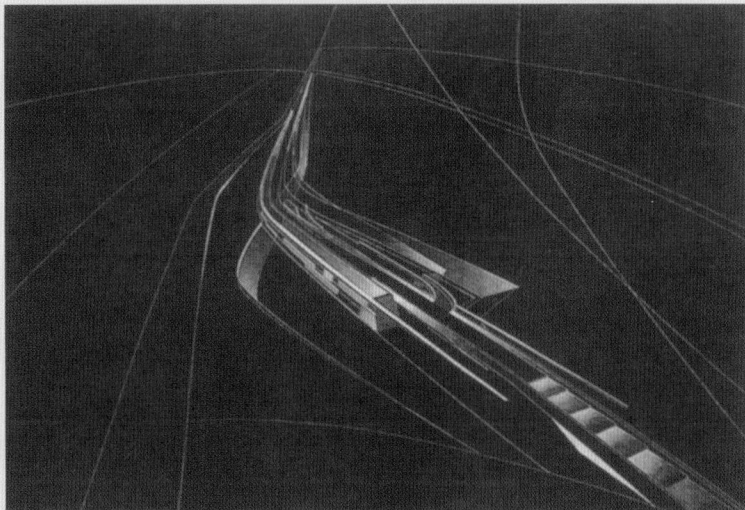

图5-31 建筑设计方案的手稿

图5-32 扎哈·哈迪德的艺园展廊

图5-33 室内展示空间

图5-34 室内办公空间设计

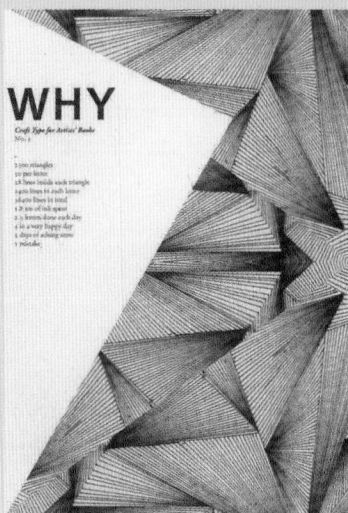

图5-35 平面设计

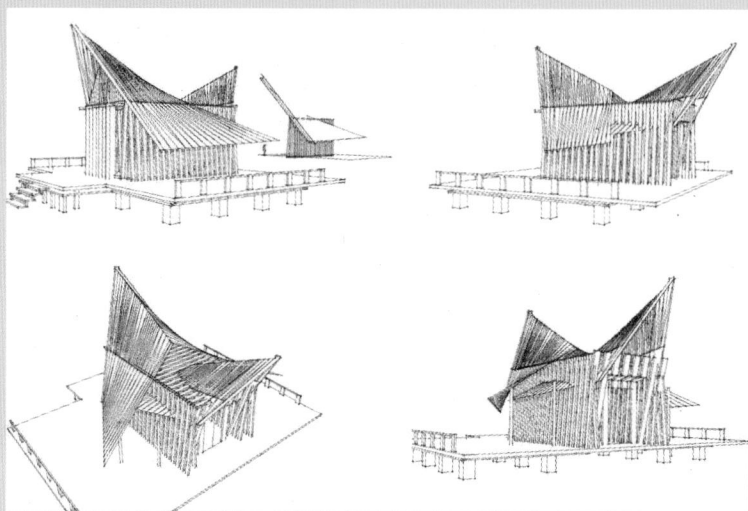

图5-36 木结构茶室设计

图5-37 CG设计

图5-38 手绘表现

图5-40 扎哈·哈迪德设计的 wish machins world invention

图5-39 国外速写

图5-41 室内过渡空间

复习与思考

1. 什么是倾斜透视?

2. 方形斜面有哪些放置方式?

3. 倾斜透视有什么规律和特点?

4. 做出房屋框架的倾斜透视图。

5. 列举5个生活中倾斜透视实例,并对其加以分析。

CHAPTER 6

俯视透视与仰视透视

视点作为透视三要素，它产生的变化对透视的影响是不可忽略的。当我们的视点高于或低于视觉目标物体本身时，就会产生更为复杂多变的透视关系，这种透视关系在生活中俯首皆是，携带了很高信息量冲击着我们的视觉体验。

▌课题概述

本章对仰视透视和俯视透视的特点、成因、方法进行了讲述，并列举了大量生活中的实例，为读者对这种透视形式的深入理解以及应用打下基础。通过对仰视透视和俯视透视的讲述，使读者更加深入地了解透视，拓展透视的空间概念。

▌教学目标

要求能正确理解俯视透视和仰视透视的成因，合理运用这种透视表现物体和空间。

▌章节重点

俯视透视和仰视透视的形成及基本绘制方法。

6.1 俯视透视和仰视透视概述

俯视透视和仰视透视是特殊的倾斜透视，但是由于人视向的灵活性，它的应用范围反而大于常规倾斜透视。

6.1.1 俯视透视和仰视透视的形成

无论我们站在哪里平视景物，视平线最终都会与地平线重合。此时，无论物体在地平线的哪个方位，景物的侧立面与地面垂直的线都是原线，不会发生任何透视变化。

在日常生活中，由于我们视域有限，人在观察景物时不可避免地要将头下俯或仰起。根据透视原理，由于画幅与中心视线始终垂直，地平线恒定不动，就造成了视平线与地平线在画幅上分离。画幅上的视平线和物体都可以在地平线的上方或下方，但物体的侧立面与地面垂直的变线，会向上或向下消失于天点或地点。由此可见，仰视透视和俯视透视各自有着独特的视向和丰富的构图形式，适合表现空间大的场景，给人震撼、夸张的视觉效果（图6-1至图6-2）。

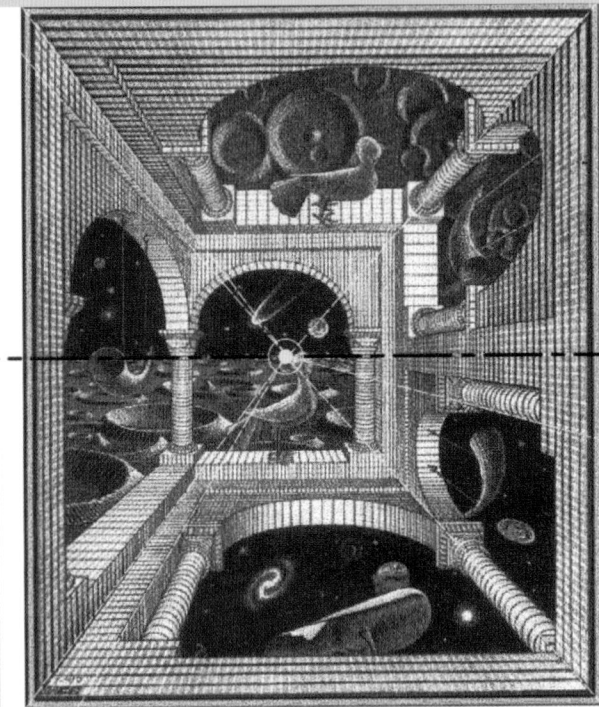

图6-1 另一个世界

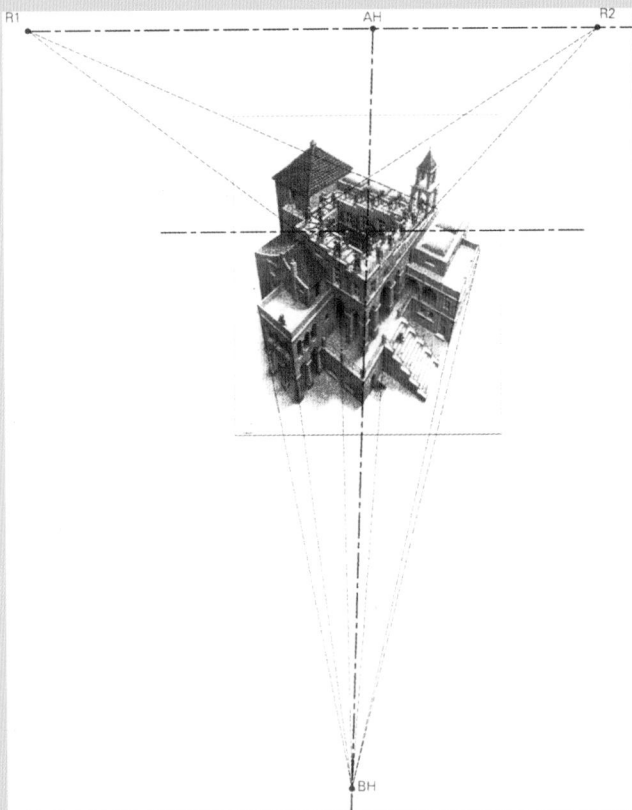

图6-2 上升与下降

6.1.2 仰视透视和俯视透视
的概念

　　由于视向变化而造成物体相对于画面倾斜，并且产生地平线与视平线分离的现象就是仰视透视和俯视透视。

　　仰视透视和俯视透视也属于倾斜透视，它基本分为正仰视、正俯视、斜仰视、斜俯视四种类型。正仰视透视和正俯视透视是指方形物体的顶面、底面均与画幅平行，而且它垂直于地面的线都消失于主点，此时的主点就是天点或地点，而地平线则在画幅之外与画幅平行；斜仰视和斜俯视时，方形物体中仅存在一个顶点或一条边线接近或与物体中没有面与画面平行。这时则会分为平行斜仰视、平行斜俯视、成角斜仰视、成角斜俯视。

　　平行斜仰视和平行斜俯视主要是指当方形物体平放，一条边线靠近或与画面相切，另外三组边线分别延伸向水平、天点、地点三个方向无限延伸，最终这三组边线消失于天点和地点。成角斜仰视和成角斜俯视是指当方型物体平放时，只有一个顶点靠近或与画面相切，六个面都与画面成角，三组边线分别向地点、左右天点或天点、左右地点无限延伸，最终它们消失于由天点和地点衍生的三个灭点。

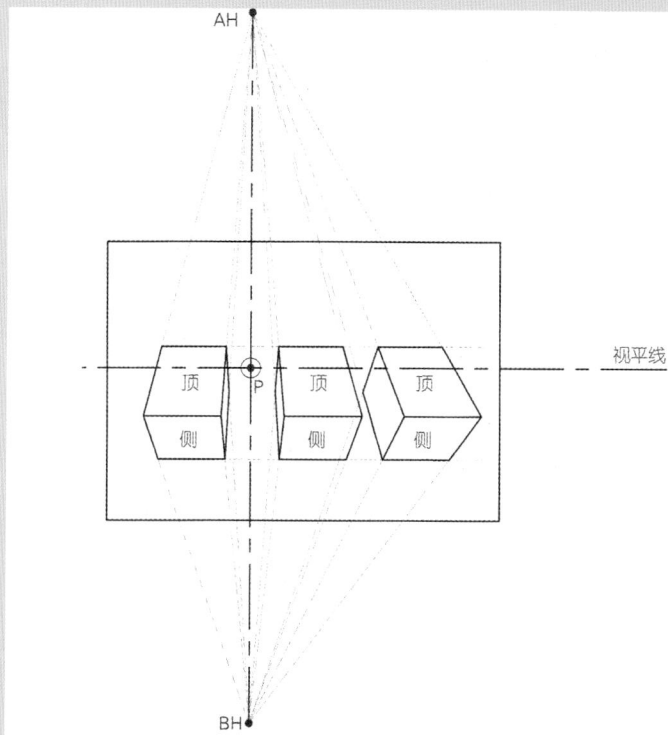

图6-3 平行斜仰视透视示意图

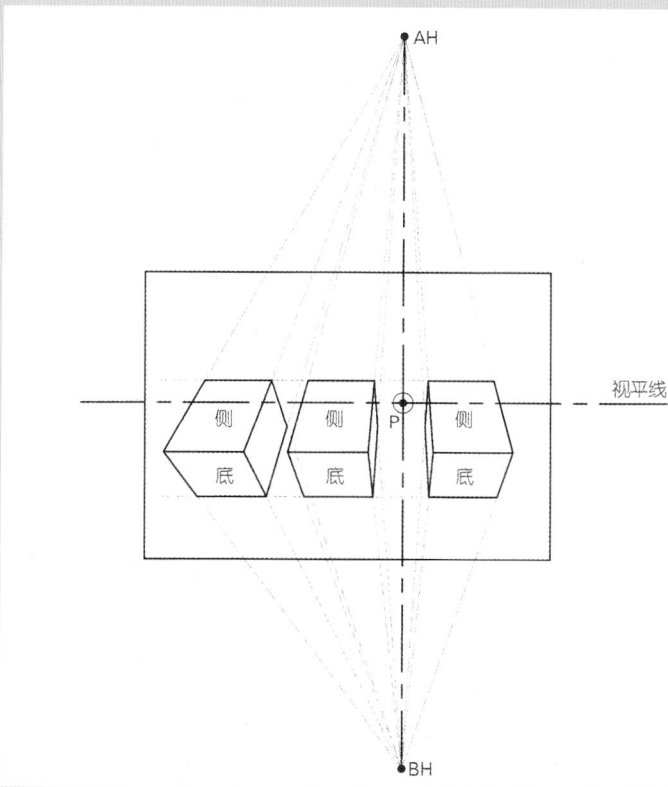

图6-4 平行斜俯视透视示意图

6.1.3 俯视透视和仰视透视
的规律与特点

俯视透视和仰视透视在倾斜透视的基础上衍生出了更复杂的消失点其特点,主要表现在以下几个方面。

① 只有一个点或边线与画面靠近或与画面相切。

② 仰视透视和俯视透视均属于倾斜透视,灭点都是天点和地点以及这两点的衍生点。

③ 当处于正仰视和正俯视时,画幅上只有视平线,地平线在画幅之外与画幅平行;当处于斜仰视时,视平线在地平线之上;当处于斜俯视时,视平线在地平线之下(图6-5)。

④ 斜仰视透视和斜俯视透视图中的三个消失点,一般都在画幅之外,如果有一点在画幅内,那么其他两点会落在画幅外较远的位置(图6-6)。

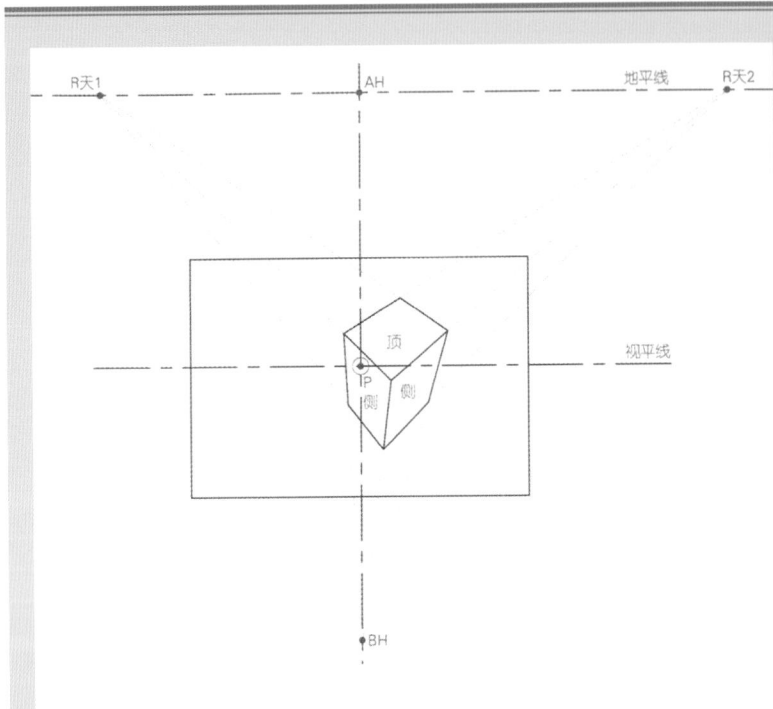

图6-5 成角斜俯视透视示意图

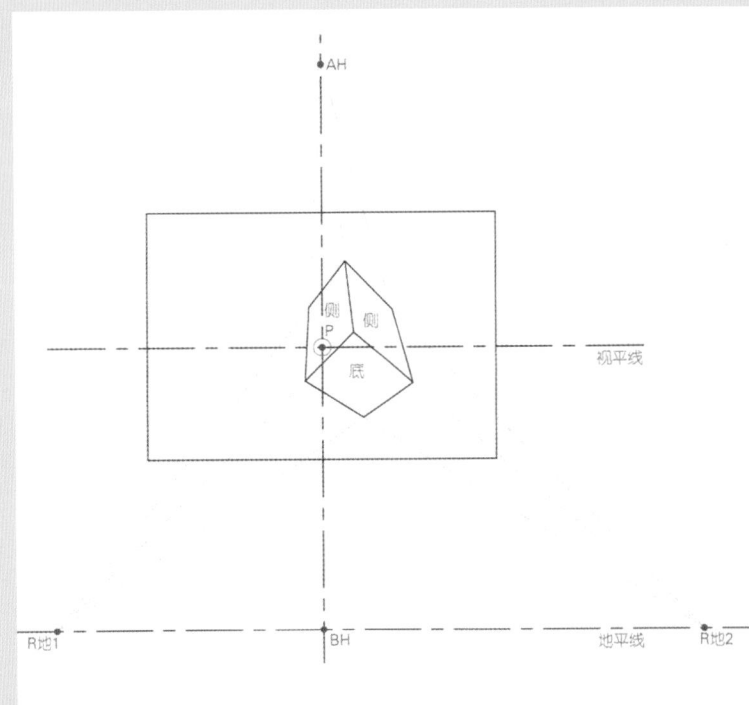

图6-6 成角斜仰视透视示意图

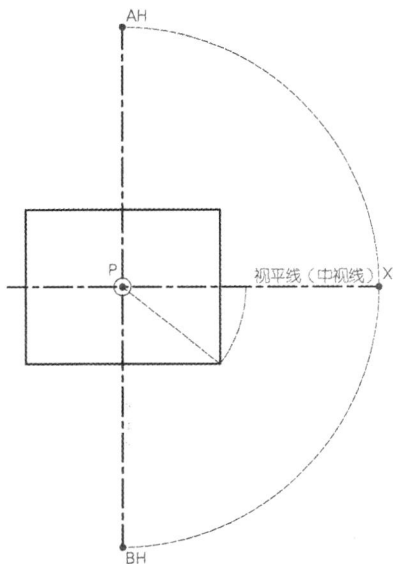

图6-7 确定天点与地点的距离

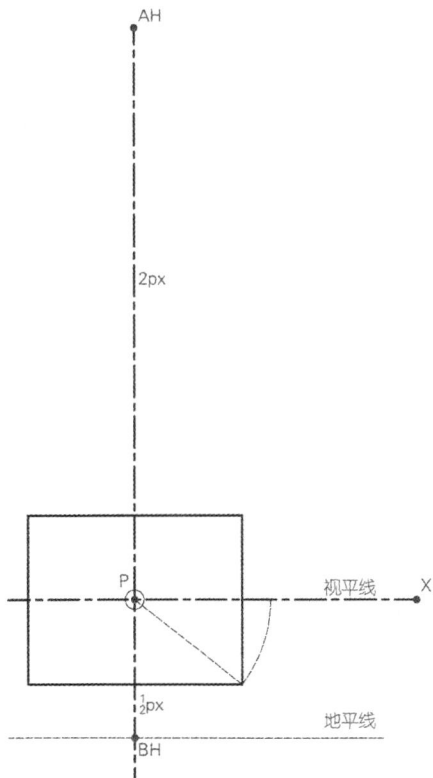

图6-8 反比关系示意图

6.2 俯视透视和仰视透视基本绘图法

对于俯视透视和仰视透视的绘制方法，我们首先需要确立基本的要素：天点、地点和消失点，才能不断在实践中衍生出多种应用方法。

6.2.1 确定基本元素

1. 确定天点与地点距离

① 当视中线与地面成45°角时，无论视角为仰视或俯视，主天点AH和主地点BH到主点P的距离相等，并且这个距离与主点到距点（视距距离）也相同。视中线的角度决定了主天点AH、主地点BH位置的变化（图6-7）。

② 当视中线与地面成非45°角时，主天点AH和主地点BH的位置适用于反比定位法则，即主地点BH到主点P距离若为1/2PX，则主天点AH到主点P距离为2PX（图6-8）。

2. 确定测点与余天点、余地点位置

步骤一

当视角处于平行斜俯视时，距天点S1与主天点AH的距离就是主天点AH到距点M1间的距离；同样当视角处于斜仰视时，距地点S2与BH的距离就是主地点BH到距点S2间的距离。距天点S1和距地点S2可用来测立方体顶面或底面正方形透视深度。也可以以AH、BH为圆心，以天点（或地点）到距点距离为半径作弧求得M1、M2测点，测透视深度（图6-9至图6-10）。

步骤二

斜俯视和斜仰视中的余天点、余地点的位置由立方体与画面所成角度而定。

接下来以成角斜俯视为例，俯角为30°，方体在画面左侧成30°角，右侧成60°角。绘图时先从距点向上量30°角划线，与视垂线相交得主天点AH，由于X与主天点AH，与主地点连线的夹角为直角，可在视垂线上得到主地点位置。以主天点AH为圆心，天点A到距点距离为半径画弧，交视垂线于顶视视点MS。过视点作辅助线，向左旋转30°角，向右侧旋转60°角，角延长线与主天点AH水平辅助线交于R1、R2两点。以主地点BH为圆心，主地点BH到距点距离为半径作弧，交视垂线于M1测点，分别以R1、R2为圆心，这两点到视点距离为半径作弧，得M2、M3测点，此时X、M1、M2、M3都可测立方体三组边线透视深度（图6-11）。

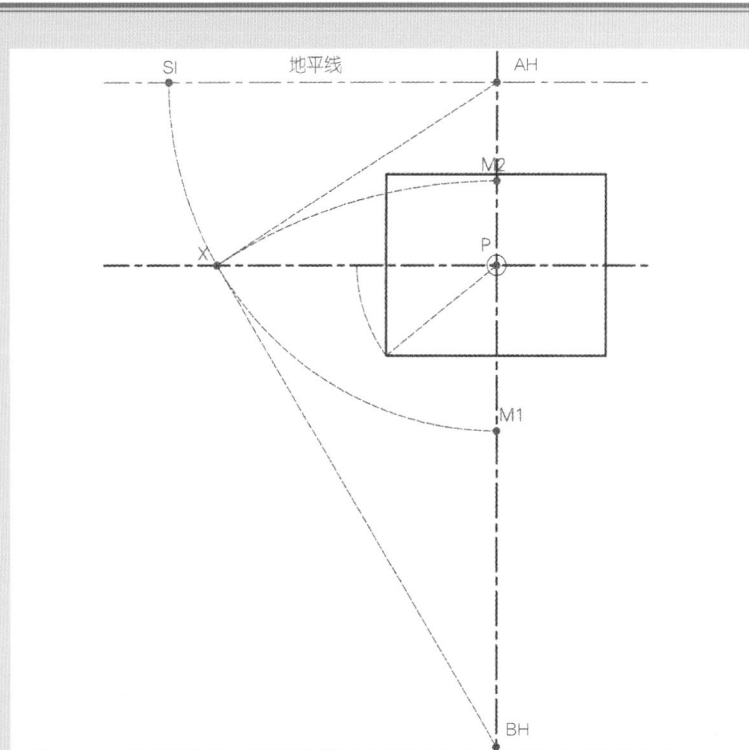

图6-9 步骤一（1）

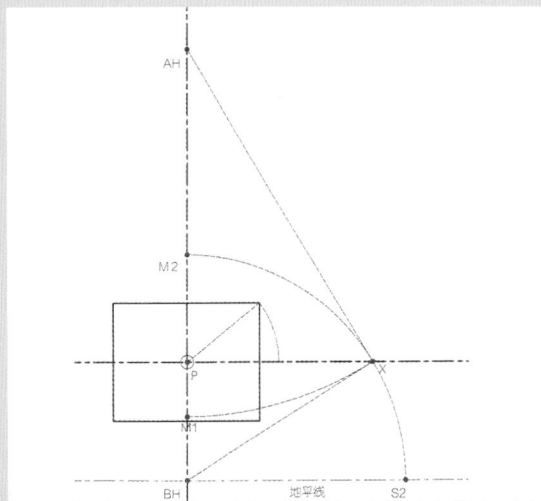

图6-10 步骤一（2）

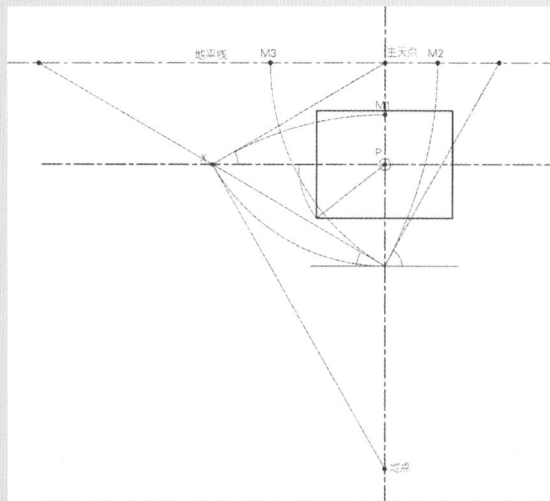

图6-11 步骤二

6.2.2 方体平行斜仰视的透视图

已知画幅面积为7cm×8cm，高为5cm，主点P距右侧边线2cm，最近点A在主点P左侧5cm处、视平线之下1cm、仰角为40°，立方体边长为3cm，作出立方体平行斜仰视透视图。

步骤一

定出画幅、视高、视平线、主点、视垂线。在视平线上定出X点。从X向下画线并移动40°角与视垂线相交求得地点，根据X与主天点、和主地点连线的夹角为直角可求得主天点位置。分别以主天点、主地点为圆心，到距点距离为半径作弧得到M1、M2测点（图6-12）。

步骤二

定出A点，量出AB、AC、AD均为3cm，从A点出发画线消失于AH、BH，用测点M1、M2作AB、AC透视长度得C'、B'，将新得两点消失于AH和BH，交于E点，得到竖立面（图6-13）。

步骤三

根据平行斜仰视透视原理，画水平线，将D点向主天点AH、主地点BH消失，经整理，可得方体平行斜仰视透视图（图6-13）。

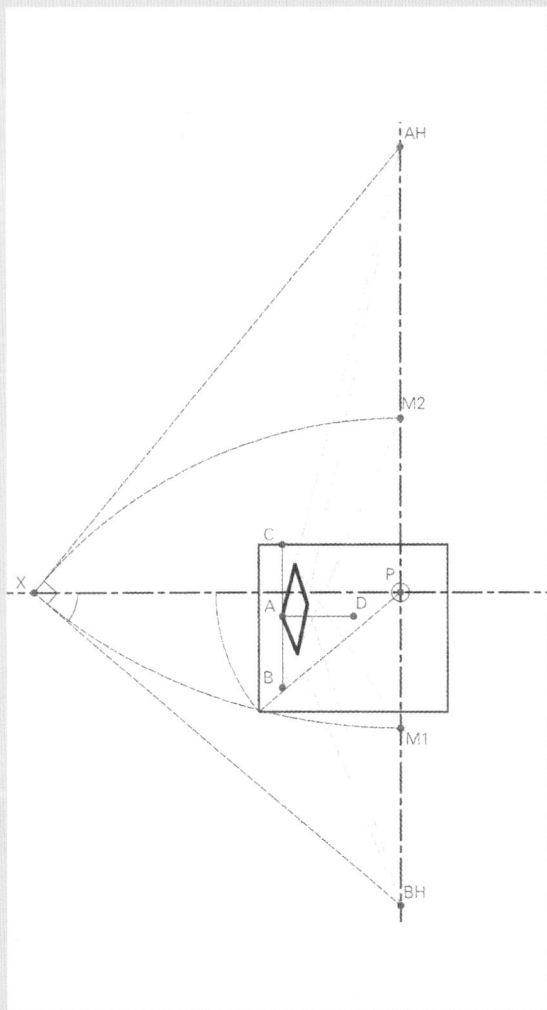

图6-12 步骤一

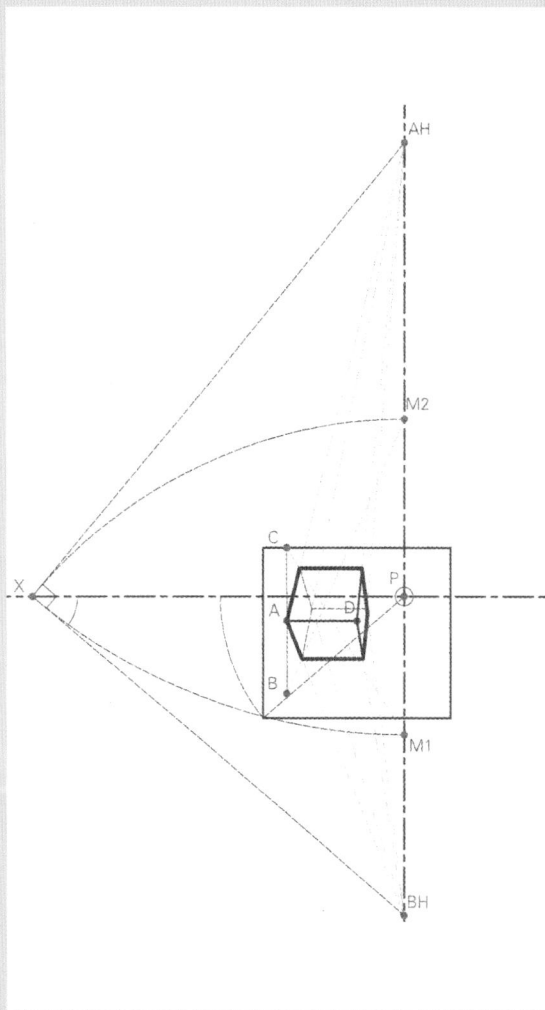

图6-13 步骤二和步骤三

6.2.3 方体成角斜俯视的透视图

画幅面积为7cm×8cm，高为3cm，主点P距右边线3cm，最近点A在P右偏上1cm处、视平线上方1cm处、俯角为40°，方体在画幅左成40°角，在画幅右成50°角，立方体边长3cm，作立方体成角斜俯视的倾斜透视图。

步骤一

定出画幅、视高、视平线、主点、视垂线，从S1向上量40°角画线交视垂线得主天点AH，同上文所讲直角原理求得主地点BH。以主天点AH为圆心，主天点AH到S1距离为半径作弧，交视垂线于MS2，过MS2作水平线，在MS2点左侧向上平移40°角，向右平移50°角，延长这两条角线与地平线交得R1点、R2点。再以主地点BH为圆心，地点到S1距离为半径画弧，交视垂线于M1测点，分别以R1、R2为圆心R1与MS2距离为半径画弧，交地平线于M2、M3（图6-14）。

步骤二

定出最近A点，AB、AC、AD均为3cm，过A点的直线消失于主地点BH、R1、R2。将B点与M1连接测得E透视深度，将D与M3连接测得F透视深度，将C与M2相连测得G透视深度。

步骤三

过E、F、G三点的直线分别消失于主地点BH、R1、R2。其他部分深度同理可得，经整理透视图绘制完成（图6-15）。

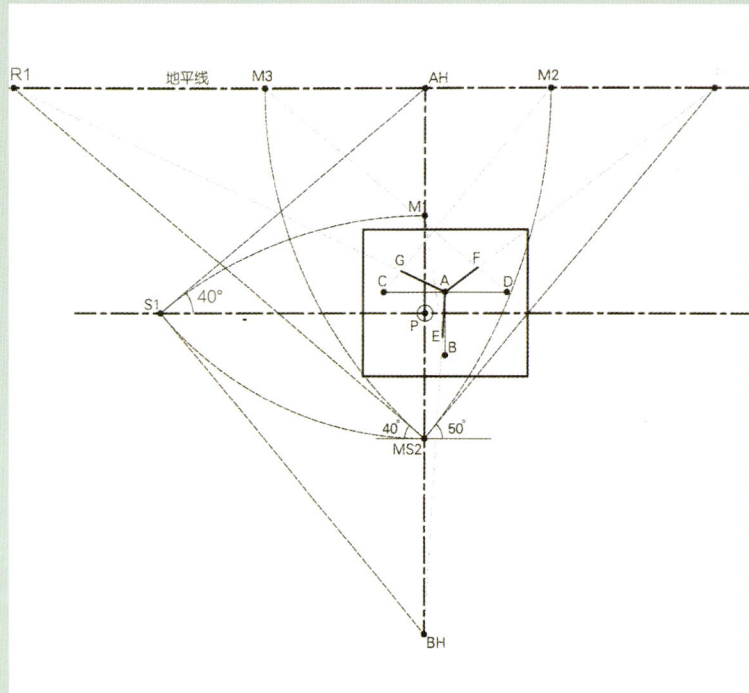

图6-14 步骤一

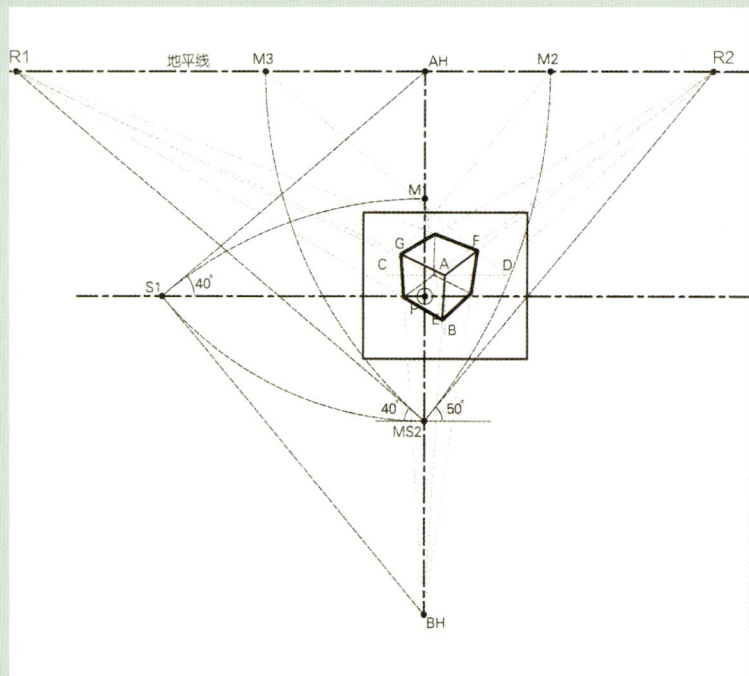

图6-15 步骤二和步骤三

6.3 俯视透视和仰视透视的误区

与之前所介绍的透视一样，仰视透视与俯视透视的误区也主要集中在它的主要特点上，天点和地点的复杂化，使得仰视透视与俯视透视制图错误频发。

误区一

一般情况下，一幅透视图中不会出现两个视点、天点或视垂线（图6-16至图6-17）。

误区二

两个余天点或余地点一定在同一地平线上。换句话说，就是一幅透视图中不可能存在两个地平线（图6-18和图6-19）。

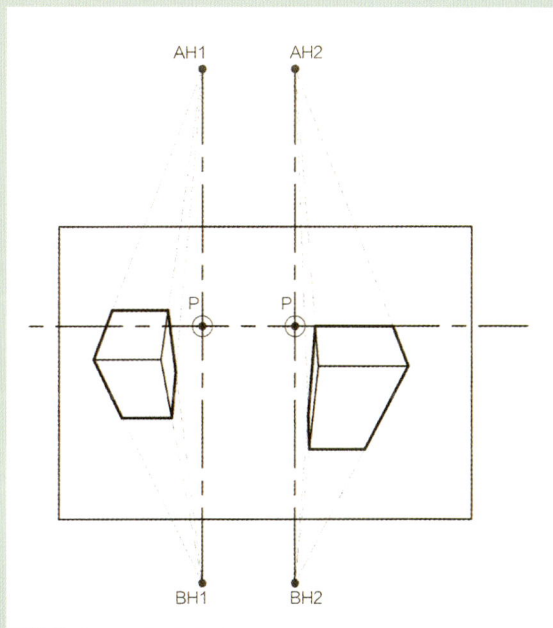

图6-16 错误作法

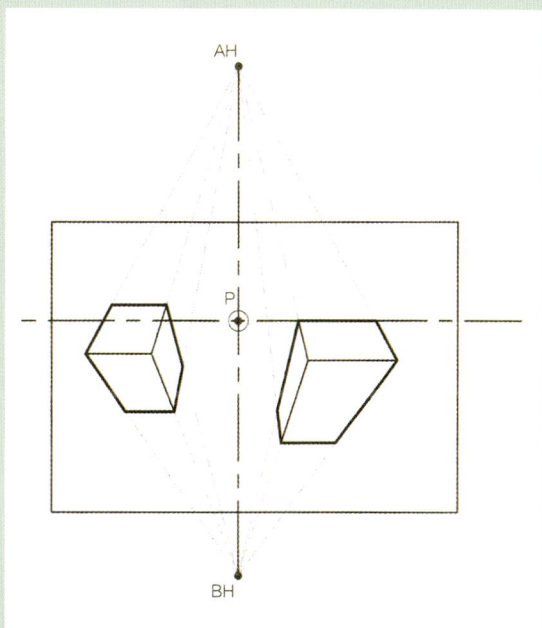

图6-17 正确作法

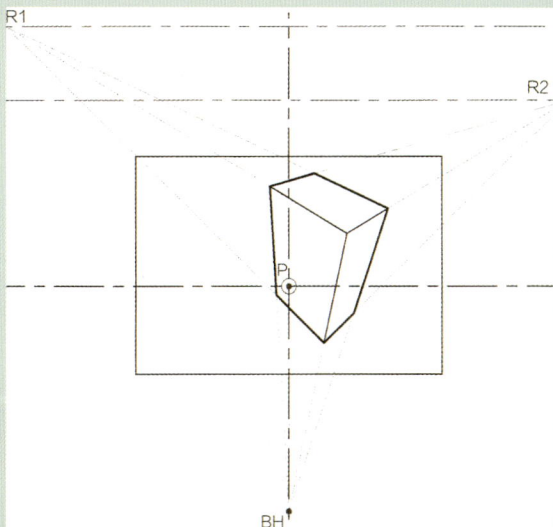

图6-18 错误作法

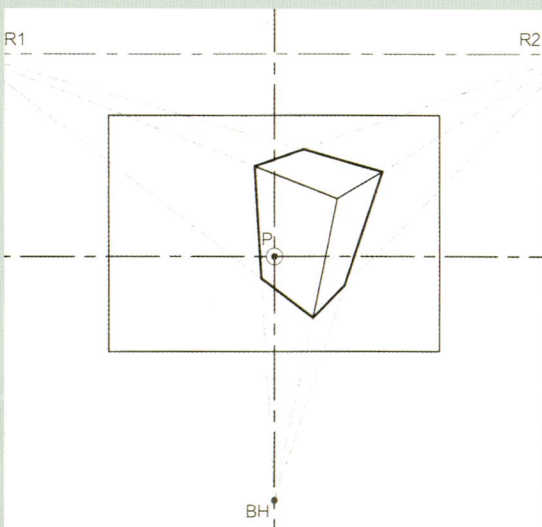

图6-19 正确作法

6.4 俯视透视和仰视透视应用案例

俯视和仰视的出现极大扩充了视觉信息的获取量及获取效率。它的应用会让物体本身出现变形的错觉，增强画面表现力。但在严谨的制图中或需忠实记录影像的情况下要尽量避免这种变形的情况出现。

图6-20规划效果图采用俯视视角，在俯视条件下建筑的布置和空间关系一目了然，表达设计主旨。图6-21中概念设计的空间关系一般很难表现，这张效果图运用俯视透视，使复杂的空间关系在视域内较为清晰地呈现。图6-22由于建筑本身具有一定的复杂性，为传达这种复杂形体带给人们的感受，作者采用了仰视透视对建筑效果加以强

化，图面中建筑具备了向上升腾的动势与下部浑厚的体量关系形成鲜明对比，极具震撼力。

图6-23在建筑中庭采用仰视拍摄，四周建筑物在仰视透视的作用下向中心围合，造成一种生动有趣的视觉效果。图6-24仰视透视的天守阁体量感被向上的趋势和屋顶的变形收缩强化，气势更加恢弘。图6-25此图为广角仰视拍摄，仰视建筑上部产生明显变形，让人体验到密集建筑给人得压迫感。图6-26此图清晰表现了范围内建筑空间关系，在俯视透视作用下由于建筑自身高度而形成天然主次关系，重点突出。图6-27高空实景拍摄形成俯视透视，视域内的城市在建筑的堆砌下形成一个颇具震撼力的整体面貌。由于大广角的原因画面产生变形。

图6-28CG中俯视透视下的机甲对武器系统说明更为明确，也更好地表现了机甲和人之间的尺度关系。图6-29巧妙的在二维世界中赋予字母体量感，在俯视透视的作用下给人一种真实的视觉体验。图6-30各种数据被赋予体量关系后脱离了二维平面，在俯视透视作用下极其清晰生动地强化了数据所传达的意义。图6-31乐高拼组的建筑实体草模用来研究比对体量关系和比例。这张图采用大角度俯视，模型本身变形严重，并有意采用虚化，在有限的空间内实现了实景观测效果。图6-32此图为建筑设计草图模型，用来比对各种设计构思效果。采用俯视透视对所罗列的建筑有比较清晰的视觉印象。

图6-20 规划俯视效果图

图6-21 建筑俯视效果图

图6-22 建筑仰视效果图

图6-23 单体建筑仰视

图6-24 天守阁

图6-25 建筑街景仰视

图6-26 建筑俯视效果图

图6-27 建筑街景俯视

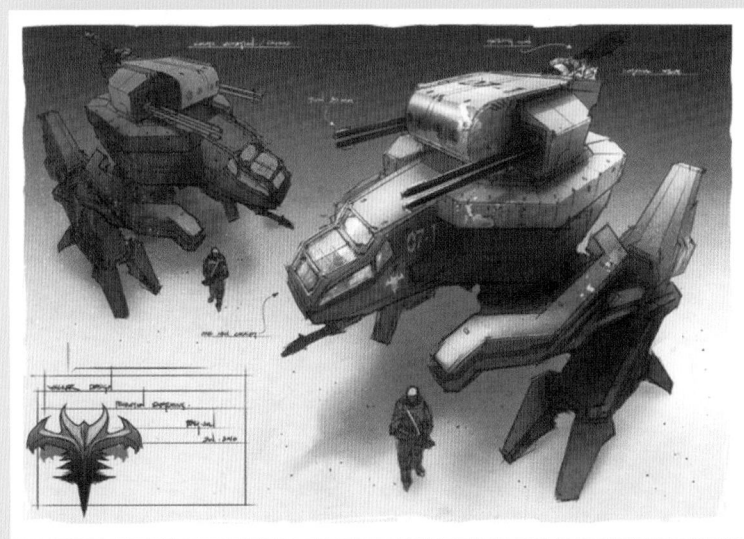

图6-28 CG设计

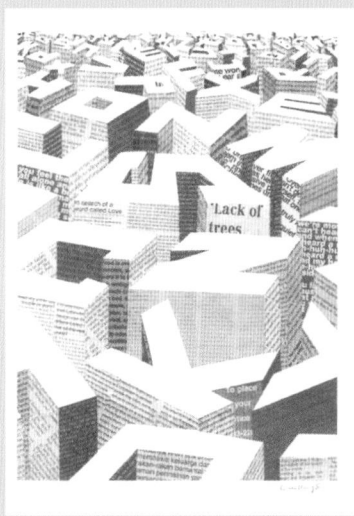

图6-29 平面设计

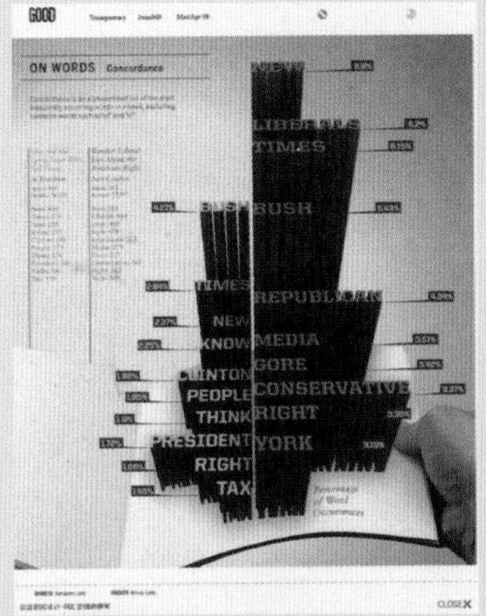

图6-30 平面设计二

图6-31 建筑俯视草模

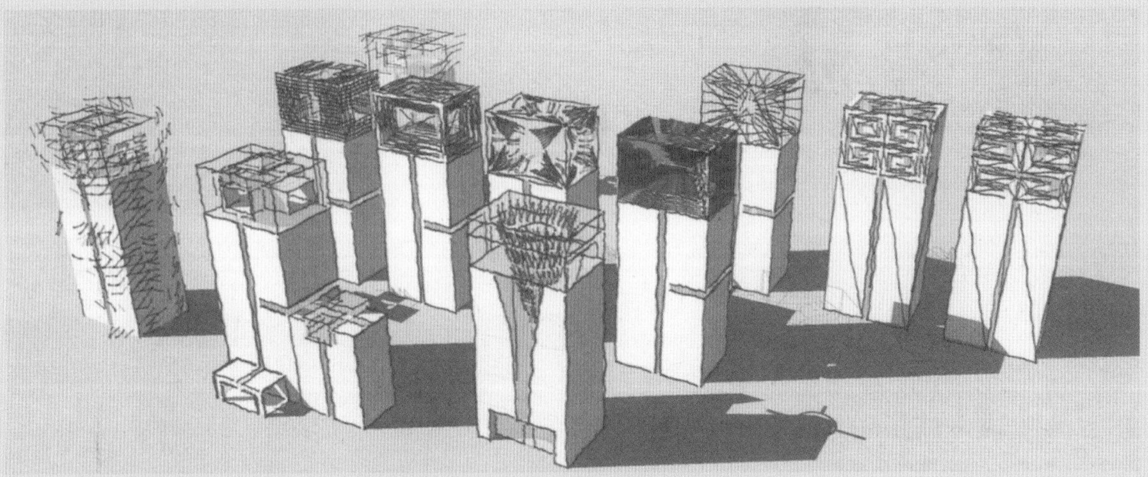

图6-32 建筑俯视构思草图

复习与思考

1. 什么是俯视透视和仰视透视？

2. 俯视透视和仰视透视有什么规律和特点？

3. 俯视透视和仰视透视与倾斜透视间的关系是什么？请详细说明。

4. 俯视透视和仰视透视是如何形成的？

5. 掌握俯视透视和仰视透视的基本绘图方法。

CHAPTER

人物透视

人作为日常生活主体，在我们的视觉活动中无处不在，人的透视现象不会脱离基础透视框架，但却代表了透视中一些细节的透视现象。对人物透视的探讨归纳了细节透视现象，让人更深入了解透视。

▍课题概述
本章对人物透视做了系统介绍，并列举大量生活中的实例进行全方位说明。通过对人物透视的介绍和解析，使读者更加深入地了解透视，增强对透视综合应用的意识。

▍教学目标
要求能正确理解人物透视的使用原则，合理运用这种透视手段来表现人物和空间关系。

▍章节重点
人物透视的两种绘图方法。

7.1 单体人物透视

　　人物的形体构成比较复杂，几乎囊括了自然界中所能接触到的一切形体。一些艺术家将人体的各种体块与曲线相互穿插配合，勾勒出人体的基本透视形态。人物透视是透视学中必要的组成部分，我们需要对其进行系统的认识（图7-1至图7-2）。

7.1.1 人物头部透视

　　在绘画领域，一切物体基本都可以概括为方体，人的头部也不例外。我们将人的头部分为六个截面，这与立方体的六平面正好对应，这样概括是便于我们对人体透视的理解与分析（图7-3、图7-4）。在人物头部立方体的构成中，人的面部是由四个不同的体块组成，即方体的前额、扁平的面颊、组合成直立圆柱形状的嘴和鼻，以及三角形的下颌（图7-5）。

图7-2 万人太极

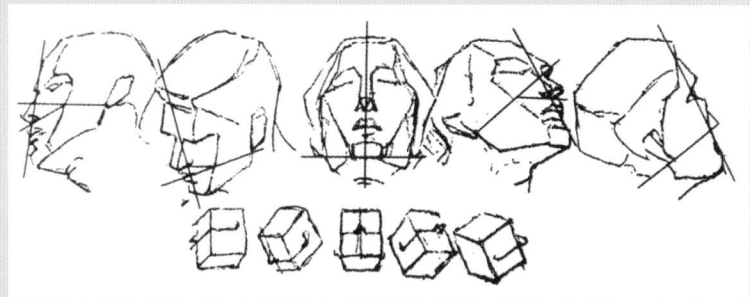
图7-3 人物头部六面体示意图

图7-1 剑道馆

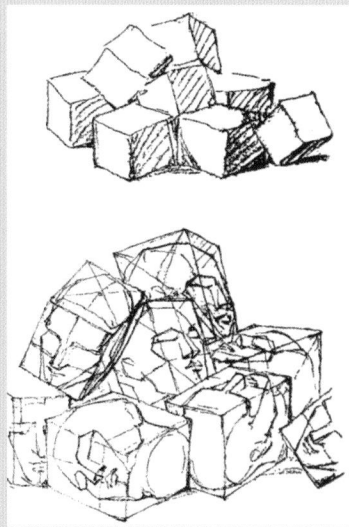
图7-4 伯里曼的人物头部体块

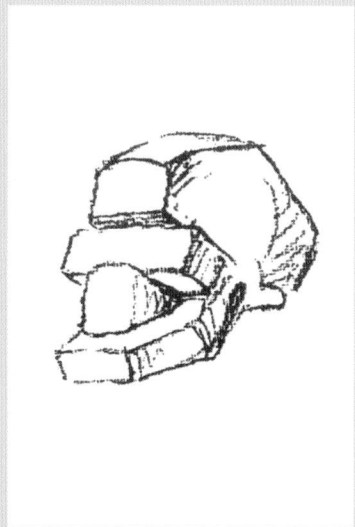
图7-5 面部体块构成

通过前文的叙述，假设人物头部位置与视平线水平，则该人物头部在视线内完全展现出正面及侧面时，应表现为平行透视；当头部水平转动一定角度时会表现出成角透视，以此类推，当视平线在头部之上或之下透视时，则会成为仰视透视或俯视透视（图7-6至图7-7）。

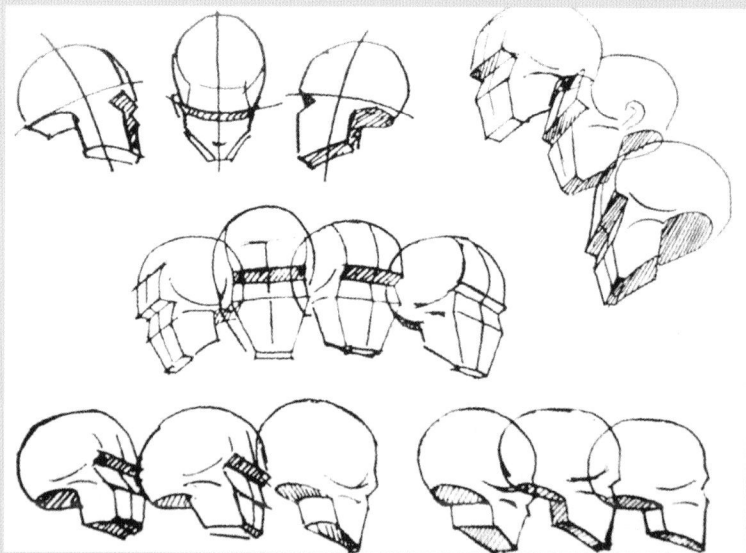

图7-6 不同视角的头部透视

图7-7 荷加斯绘制的运动头部

7.1.2 人体全身透视

人物全身透视与两个层面的内容。其一是人物自身的比例关系，在透视中无论如何变化也不会脱离这些基本比例关系；其二就是人物的透视关系了。

1. 人体比例

在学习过程中，如果我们要深入研究人体的透视关系，就必须熟悉人体的基本比例（图7-8）。

（1）头部比例

人的头部基本上是一个形状接近蛋形的椭圆形。我们将人的头部进行十等分。其中，从头顶到下颌线各为1/2个头长；在发际线、眉骨线、鼻底线、下颌线将人的头部进行纵向三等分。从横向上分，以人的眼睛所在的水平线为准，将其进行五等分，每等分的横向长度都与单只眼睛的横向长度相同（图7-9）。

（2）身体比例

正常成年人身长为7.5~8个头长。人双臂张开的长度大约与身高一致，其中小臂约为1.1个头长，大臂约为1.5个头长，肩

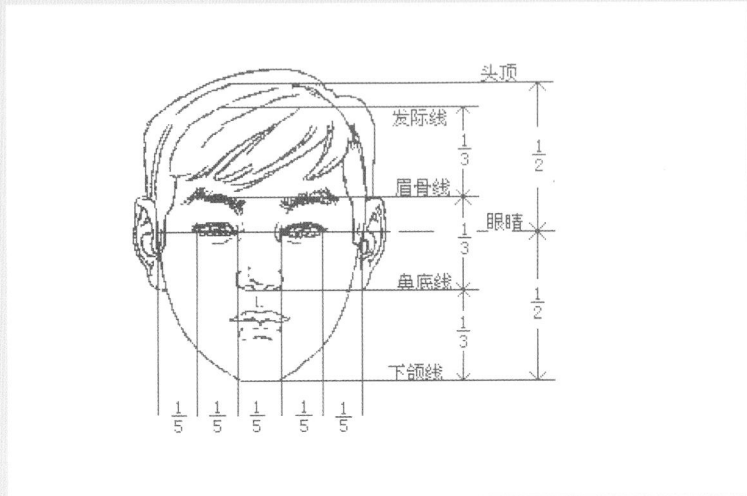

图7-9 人物面部五官比例

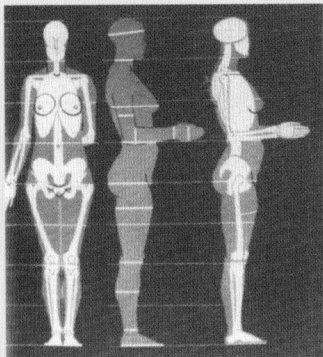

图7-10 女性人体比例

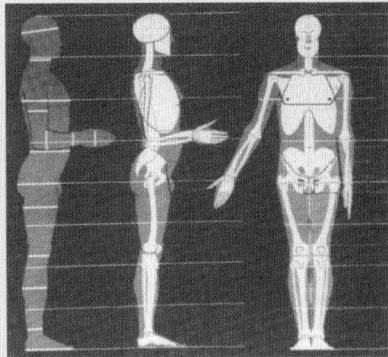

图7-11 男性人体比例

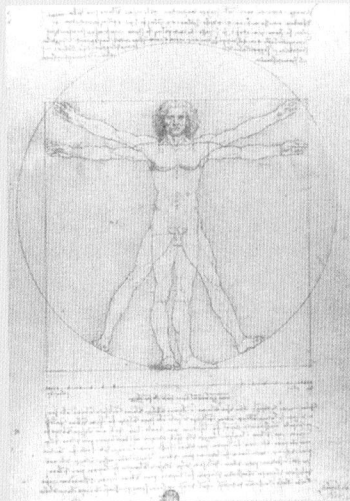

图7-8 人体比例

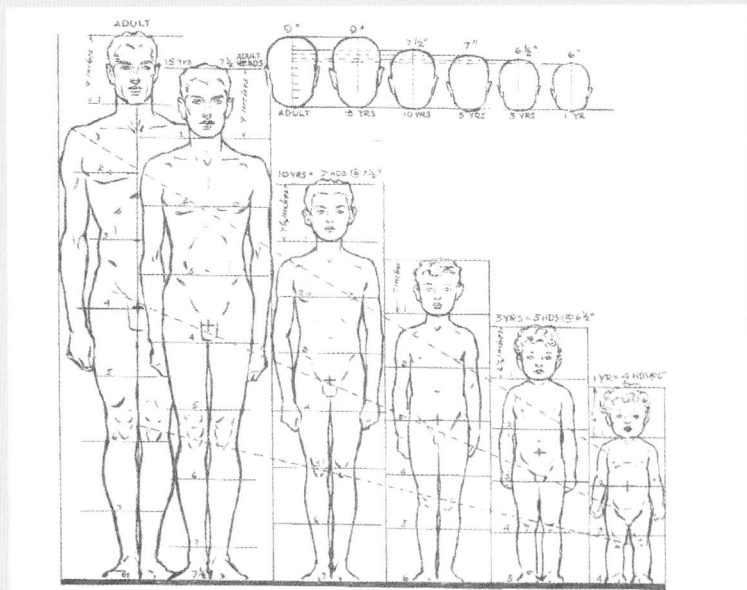

图7-12 不同年龄段的人物身体比例

部约为2个头长（图7-10至图
7-11）。

不同年龄的人物，身体比例
截然不同，都有各自年龄段的规
律特点（图7-12）。

2. 人体透视

我们的身体由头部、四肢、
躯干及各种关节构成，艺术家将
这些复杂的结构通过体块来进行
了概括，方便后人对人体形态的
研究。

如图7-13至图7-16所示，
在将人物整体视为立方体或圆柱
体的基础上，将头部概括为立方
体，胸部概括为楔形体，骨盆概
括为梯形体，四肢概括为圆柱
体。通过这样的概括，即使人物
形体复杂、各不相同也可以找出
其中的透视规律，加以分析。

在观察人体时，从整体上考
虑，基本可以等同于立方体的透
视变化。

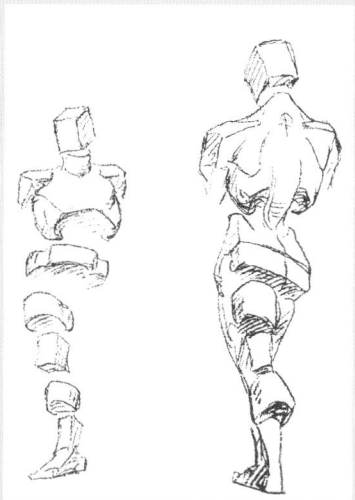

图7-13 伯里曼绘制的男性身体透视体块

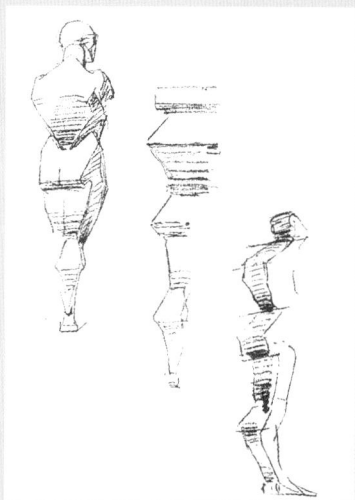

图7-14 伯里曼绘制的女性身体透视体块

图7-15 伯里曼绘制的人体体块示意图

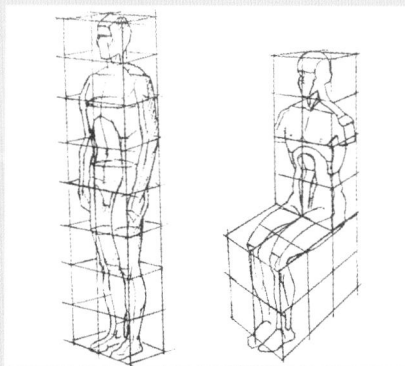

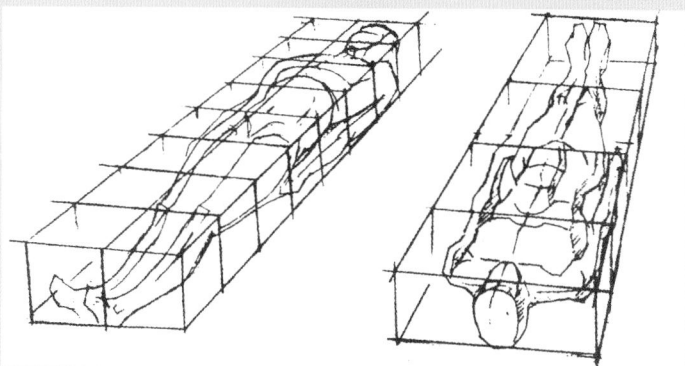

图7-16 人体站、坐卧姿的透视示意图

7.1.3 运动人体透视

　　人的各部分肢体通过关节连接，可以向不同方向转动和扭曲产生不同形式的运动，从而使透视的变化灵活多样。由此可见，人物的运动透视画面会体现出很强的节奏感与力量感，这是人物运动透视独特的魅力所在（图7-17至图7-18）。

图7-17 荷加斯绘制的动态人体透视图（一）　　图7-18 荷加斯绘制的动态人体透视图（二）

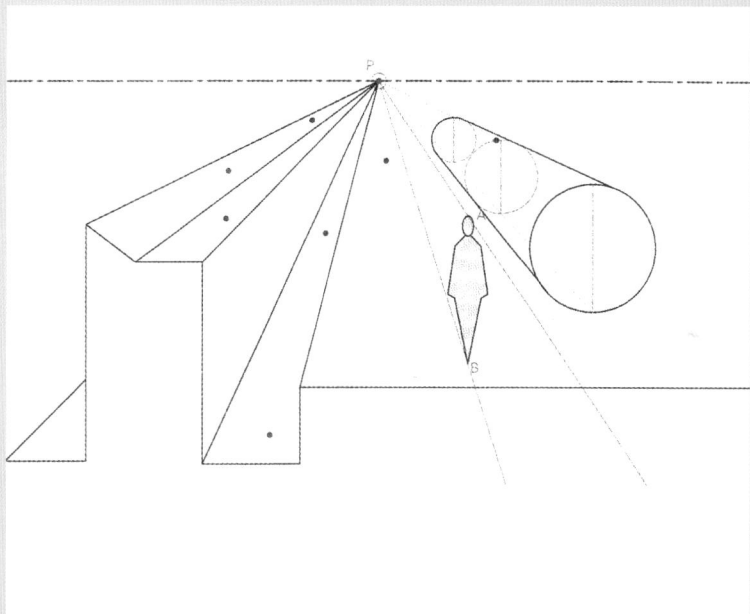

图7-19 缩尺法示意图（一）

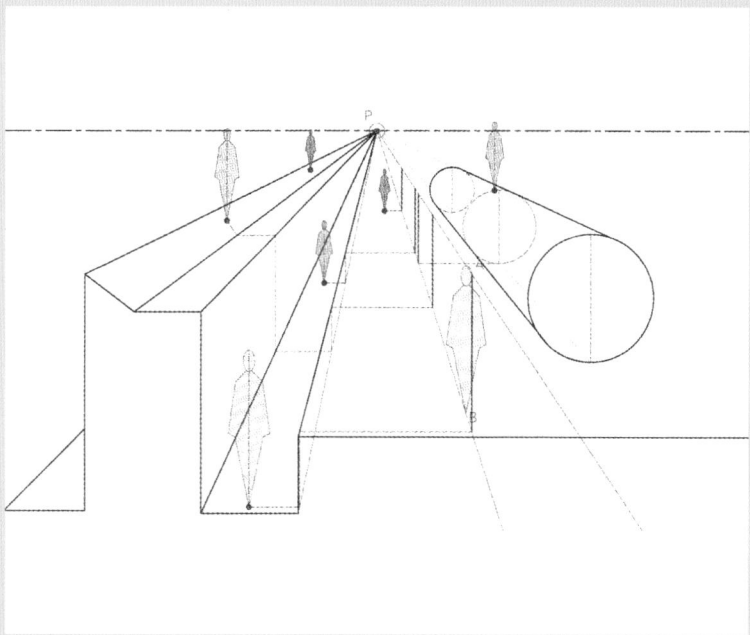

图7-20 缩尺法示意图（二）

7.2 多人物透视绘图方法

生活中，人可能会聚集出现在某个地方，这时单体人物在空间中所处的环境、高度、方向可能都有所差别。当透视性质不同的人们聚集在视域内时，就会形成复杂而又丰富的透视关系。

7.2.1 缩尺法

原线的基本特征之一，即原线平移，长度不变。将平行于画面的竖直原线水平移动，量得物体透视高度的方法，即是缩尺法。

已知AB为参考人物高度，求人物透视关系中不同站立点的高度。

分别将参考人物的顶点A、脚底点B与主点P相连，此时的P点为消失点。在AP上画出不同站立点的人物与这条线的水平交点，向上作BP的垂线，找到不同站立点人物的顶点，将对应的两点相连，在AP与BP组成的平面中形成阵列，所得到的线段即为站立点处人物透视的高度（图7-19至图7-20）。

7.2.2 视高法

交换①、②位置，原图图号标错了，因此调整文字顺序不需要调整图的位置，只需在文字中把图号调整过来即可。

在交换之前的②中加入一句话：这也是比较常用的情况，基本可以看作是人视角平视时的人物透视。

以视高的透视高度为基准，就地量远近物体的透视高度，称为透视的视高法。一般分为以下三种表现类型。

类型一

在平地上相同透视条件下，若视高和视平线在头顶位置，则其他所有人物都只要画出一等分即可（图7-21）。

类型二

在平地上相同透视条件下，视高及视平线在1/2人体高度处，将其他所有人物身高二等分，视平线上下各一等分即可（图7-22）。

类型三

在平地上相同透视条件下，将三个远近不同且等高的人进行二等分，视高在三等分的高度，将落脚点到视平线的高度进行三等分，其中二等分处就是人物高度（图7-23）。

图7-21 视高在头顶位置时的人物关系

图7-22 视高在1/2身高时的人物关系

图7-23 视高在三等分高度的人物关系

7.3 人体透视应用案例

在室内、景观和建筑设计中，人物透视往往被应用在体量对比的效果图中。但对于人物本身的透视关系，我们还是需要从绘画作品中找到合适的答案。

图7-24由于人的五官容貌各不相同，从外貌上产生各具特色的视觉效果。但无论是人的面部还是身体都存在具有普遍性的比例关系，这种关系也会因人而异各有不同，画中对五官比例的把握比较严谨，凸显了人物的面部特征。

图7-25、图7-26两幅画中人物很多，场景与人物关系也相对比较复杂。尤其是图7-26置身于仰视透视中形成向上的透视序列，人物虽近大远小，但总体上向天点消失。两幅画都很好地强调了视觉中心的地位，在不刻意修饰的情况下突出了核心内容。

图7-27至图7-30这四幅图的人物均置身于平行透视框架中，并且基本是人的平视视角的人物透视。这样的人物透视具有极强的记述特质，对人物场景中的状态表达最为真实。图7-31人物基本处于成角透视框架下，形成颇具视觉冲击力的人物群像。这样的人物透视视觉重点更为突出，具有生动的表现力。

图7-24 自画像

图7-25 玛丽.美第奇生平

图7-26 三位一体的朝拜

图7-27 奥尔南的葬礼

图7-28 画室

图7-29 1861年6月27日，拿破仑三世和尤金妮娅在枫丹白露宫接见外交使节

图7-30 芙里尼在法官们面前

图7-31 伏尔加河上的纤夫

复习与思考

1. 了解人物头部透视的规律与特点。
2. 理解动态人体透视，并感受其对画面造成的影响。
3. 运用缩尺法画出人体透视。
4. 理解和应用视高法绘出人体透视图。

CHAPTER 8

曲线透视

曲线作为视觉活动中常见元素，从形体上讲具有一定的复杂性。但复杂形体的基础也由最简单的基本形体构成，因此曲线所形成的透视关系也是万变不离其宗。

▋课题概述

本章对曲线透视的特点、成因、绘制方法进行了详细介绍，并列举大量生活中的实例对透视原理进行说明，帮助读者对这种透视形式深入理解，为将来对这种透视的应用打下基础。

通过对曲线透视的介绍和解析，使读者更加深入地了解透视，拓展透视的空间概念。

▋教学目标

要求能正确理解曲线透视的成因，合理运用这种透视手段表现物体和空间。

▋章节重点

曲线透视的形成及基本制图方法。

8.1 曲线透视概述

曲线透视包括的范围较广，除了我们在前几章介绍透视之外，曲线透视还包括其他形体的透视形式。本章从最简单的曲线透视形成入手，对曲线透视的原理及其应用进行深入讲述。

8.1.1 曲线透视的形成

在我们的生活中，存在着无数无尽的视觉体验，它们作为最直接的信息为我们勾勒出世界的轮廓，让我们的世界在有限的空间里展示出无限大的内容。这种丰富的视觉体验与空间中存在大量的曲线有着必然的联系（图8-1）。

曲线形体与曲面也同直线所构成的平面一样存在着透视关系。和我们之前讲的直线在产生透视时最终消失有所区别，曲线的透视消失现象表现为不断渐变。曲线透视图不易直接确定，因此在绘画和制图时容易产生概念化的错误（图8-2）。

图8-1 景观设计的概念图

图8-2 里斯本车站

8.1.2 曲线透视的概念

当一切弯曲的线、面、体与人的视觉发生关系时，它们所产生的有规律的透视变化便形成曲线透视。

曲线基本上可以归纳为两种类型：一类是规则曲线，如正圆形、椭圆形；另一类为不规则曲线，如三维曲线及三维曲面。

从透视内容上来分，可以归纳为两大类：一类是平面曲线透视，即二维平面内的一切曲线透视；另一类是三维曲线透视，即立体空间中存在的曲线透视。为便于理解，在本书中我们分别采用圆形和圆柱体为代表，对曲线透视内容中的两部分进行具体讲解。

8.2 曲线透视的类型及画法

如之前所述，曲线透视基本上可分为平面曲线透视和三维曲线透视，他们的特点和画法也有所不同。

8.2.1 平面曲线透视概述

平面曲线主要以圆形为例，通过对圆形的求做和透视规律对这一部分透视进行探讨。

（1）圆形透视的概念

圆形作为对称图形，在产生透视的情况下是前后远近不对称的椭圆，其中近的半圆较大，远的半圆较小。画透视圆的时候，弧线一定要均匀自然，找到圆心和最长轴（这里所谓的最长轴并不是圆的直径，而是根据视点和圆的位置而定）。

（2）圆形透视特点

① 平行于画面的圆形在透视中依然是正圆形，只有在远近大小的变化中，体现出平行透视的特征（图8-3）。

② 垂直于画面的圆形，在透视图中一般为椭圆形。由于近大远小的透视现象，远处的半圆显得小，近处的半圆则显得大（图8-4）。

③ 垂直于画面的水平圆形分布在视平线两侧，距离视平线越远圆形越宽，反之则越窄；与视平线等高时侧面中线与视平线重叠（图8-5）。

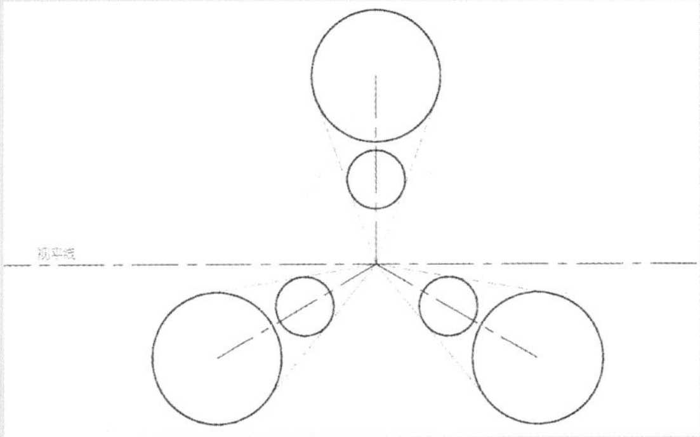

图8-3 平行于画面的圆形的透视变化

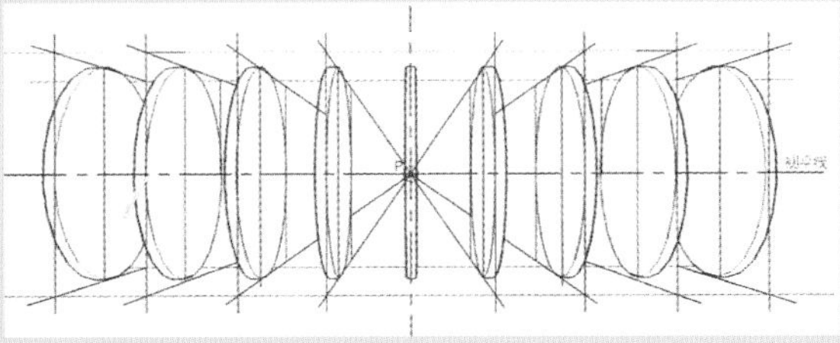

图8-4 垂直于画面的圆形的透视变化

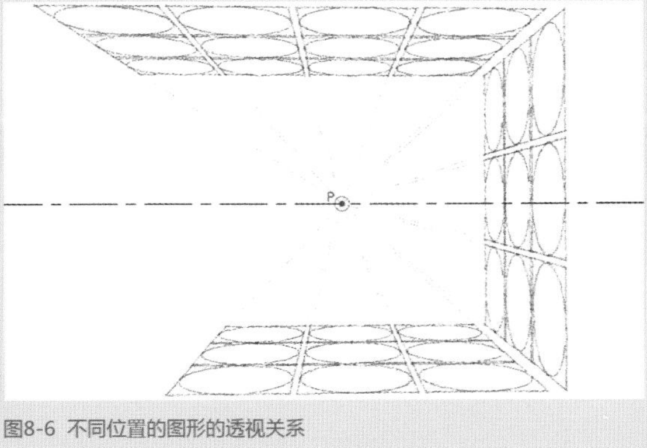

图8-6 不同位置的图形的透视关系

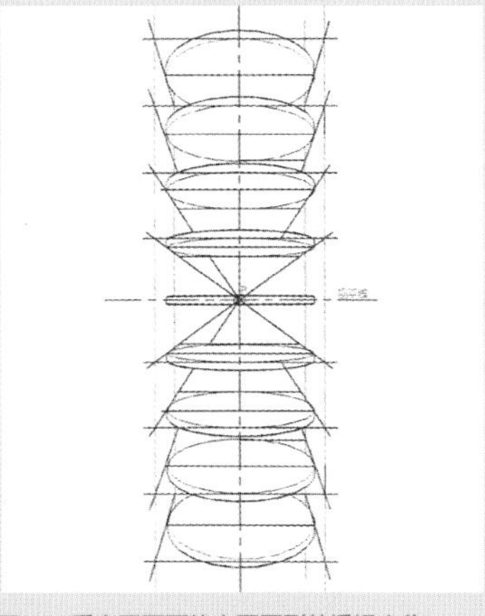

图8-5 垂直于画面的水平图形的透视变化

④ 不同位置的圆形透视的远近关系有所差异，正对视点的圆形透视比较均衡，两侧的则向视点方向倾斜，距离视点越远倾斜越明显（图8-6）。

⑤ 在平面圆形中，最宽距离是通过与正方形相切的对点连线而得到的，即圆的直径。可是透视图中视觉最宽点要根据视点及视向的不同位置而定（图8-7）。

⑥ 相同圆心的大小圆之间的距离在透视中表现出：接近圆心的两端宽，远离圆心的两端窄的特征（图8-8）。

8.2.2 平面曲线透视画法

1. 八点法求正圆
方法一

我们都知道，方形为一切几何图形的组成基础，而正圆则是从正方形中求出的。

已知正方形ABCD，先求出正方形四条边的中点A'、B'、C'、D'。分别连接AC、BD，在AB边1/2处画等腰直角三角形AHA'，以点A'为圆心A'H为半径作半圆，交AB于E、F，过E、F分别作垂线交AC、BD得E、F、G、H，用曲线连接A'、B'、C'、D'、E、F、G、H八点，即可得正圆（图8-9）。

方法二

步骤的前半部与方法一相同，得到A'、B'、C'、D'。将其中一条边定好中点后，将两侧的线段从中点向两侧分别以7:3进行分割。过分割点引垂直且与该边的垂线交AC、BD得E、F、G、H，用曲线连接A'、B'、C'、D'、E、F、G、H八点，即可得正圆（图8-10）。

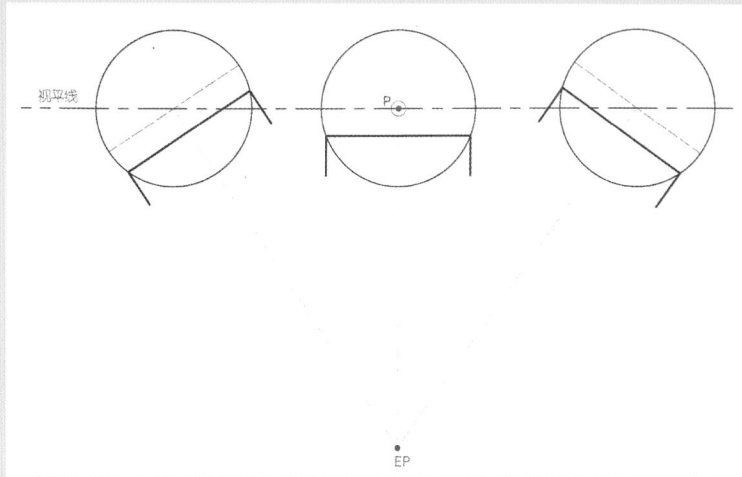
图8-7 平面圆形最宽距离的确定

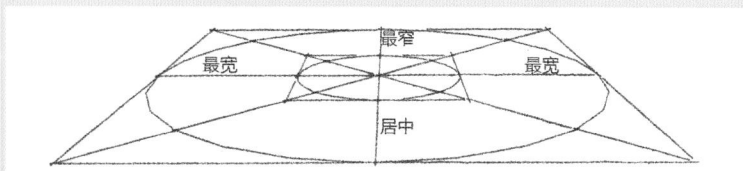
图8-8 平面圆形中同心圆透视分析

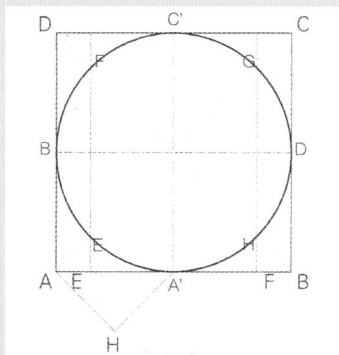
图8-9 八点法求正圆方法一

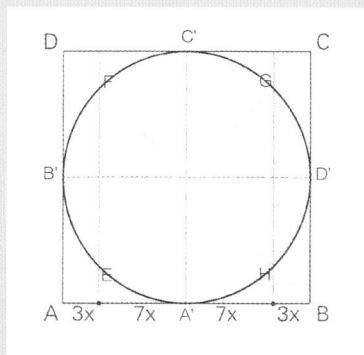
图8-10 八点法求正圆方法二

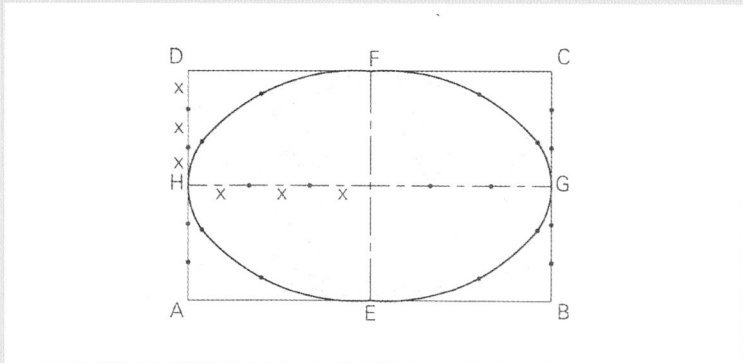
图8-11 八点法求椭圆

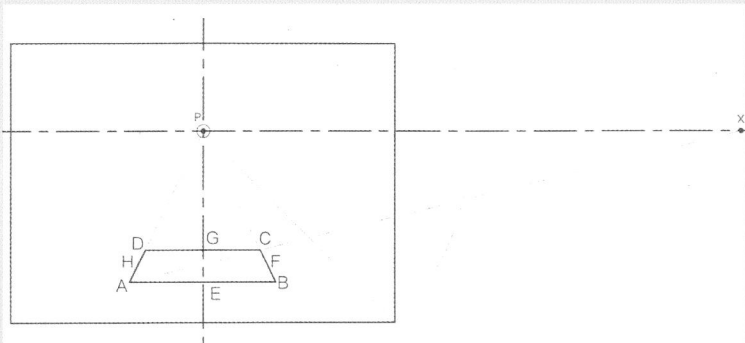
图8-12 平行透视正圆画法一

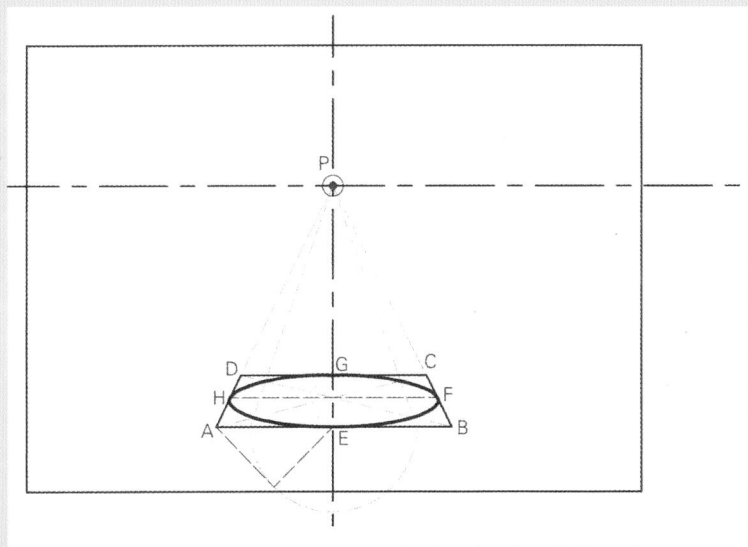
图8-13 平行透视正圆画法二

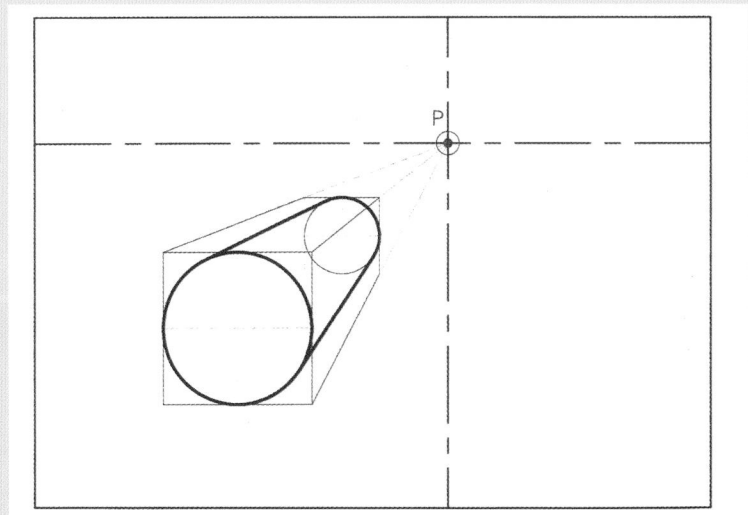
图8-14 圆柱体透视

2. 八点法求椭圆

平分长方形ABCD各边后得到中点E、H、F、G，再分别将AD、BC、GH各六等分，过E、F连接各等分点并将其延长求得八个外围交点，将它用曲线连接起来，即可得椭圆形（图8-11）。

3. 平行透视正圆画法

平行透视正圆形是根据八点求圆发展而来。首先绘出平行透视的正方形ABCD，分割正方形求得E、F、G、H四中点，在AB边1/2处作等腰直角三角形，以E为圆心，绘制的三角形直角边为半径画半圆，交AB于a、b，将a、b消失于主点交AC、BD于c、d、e、f，曲线连接八个点可得正圆平行透视（图8-12至图8-13）。

8.2.3 三维曲线透视

三维曲线变化极为丰富，但也是由基本的曲线构成，通过简单的圆柱体和拱门来进行探讨，方便理解。

1. 圆柱体透视概念
2. 圆柱体透视的特点

① 无论处于任何角度，柱身和圆面都不可能同时呈现正面（完整面）。简单地说，就是在透视关系中，圆面越接近正圆则柱身就越短，柱身平行变线向灭点汇聚的透视关系就越明显；圆面变形越大则柱身越接近原长，柱身水平方向的透视关系则越接近平行。

② 透视关系中的圆柱体（或类似圆柱体）的轴线与圆面直径始终保持垂直，圆面越窄则弧线越平滑；圆面越宽则弧线弯曲弧度越大。

8.2.4 三维曲线透视画法

根据前面章节所讲的内容，我们在这里具体介绍一下三维曲线透视的具体画法，加深对三维曲线透视的理解。

1. 圆柱体一点透视

首先用透视方法画出长方体，再在长方体前后两个正方形平面中用已知方法求出正圆透视，将两圆对应点连接即可待到圆柱体净深（图8-14）。

2. 拱顶走廊的成角透视

绘制拱门的成角透视首先要遵循成角透视规律。已知ABCD为门与画面成角画面，BCEF为拱的范围，BE为拱高，求画出拱顶走廊的成角透视。

步骤一

做出正方形BCGH透视图，用求中点的方法求出E、F、I、J各点。

步骤二

将BE进行7:3的分割，消失R2得K、L两点，用曲线依次连接E、K、I、L、F即可得到拱门圆弧透视。同理绘制后面拱门透视，做完后经整理便可得的拱门成角透视（图8-15）。

8.3 曲线透视误区

曲线透视的误区普遍集中于曲面的透视变化上，对曲面的处理相对复杂，容易出现差错。

误区一

在圆柱体透视中，接近视平线的面一定会小于远离的一面（图8-16至图8-17）。

误区二

圆柱体透视中，在圆面长径和轴线保持垂直（图8-18至图8-19）。

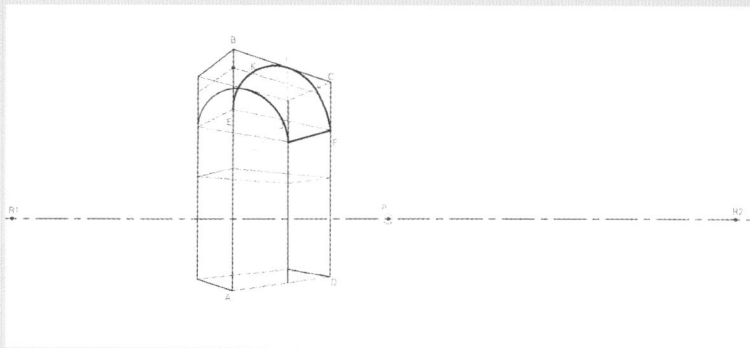

图8-15 拱顶走廊的成角透视图

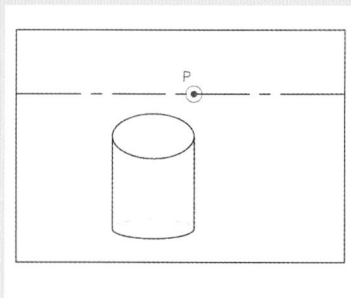

图8-16 误区一的错误作法

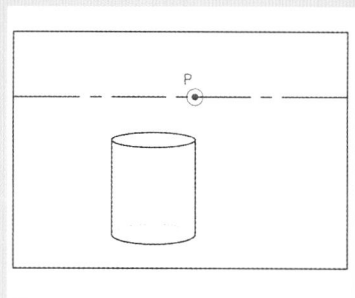

图8-17 误区一的正确作法

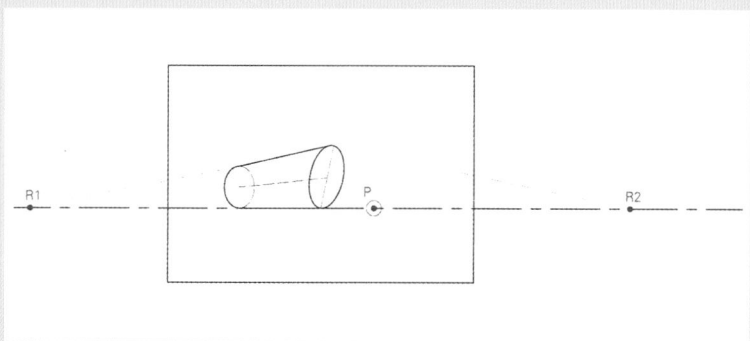

图8-18 误区二的错误作法

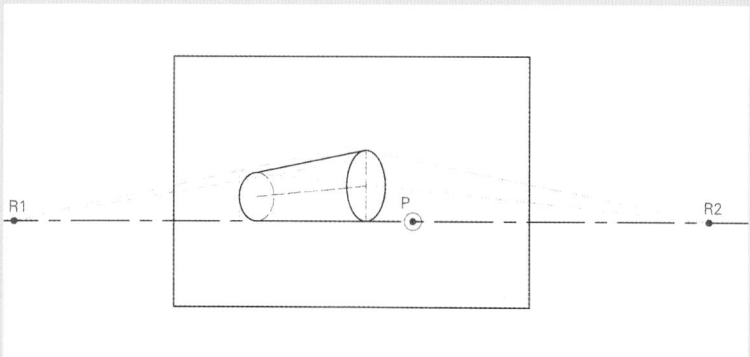

图8-19 误区二的正确作法

8.4　曲线透视应用案例

曲线透视在生活中应用广泛，可极大丰富空间形态，给人复杂、新奇的视觉感受，同时也能解决一些功能上的难题。

在图8-20、8-21家具设计中，曲线的应用也颇为常见，它不仅更容易符合人体工学标准，也在视觉上形成突破。显得精致、卓尔不凡。

图8-22此图中对曲线的应用较为纯粹，整个空间几乎都是由三维曲线所划分出来的。曲线形成的透视效果也为这个空间增添了许多魔幻气息

图8-23双向弧形坡道向下延伸，形成典型曲线透视，在有限空间内功能和形式形成统一，拓展了建筑空间，视觉感受非常丰富，与材料结合给人复杂且纯净的感受。

图8-24至图8-28室内和展示设计中，曲线透视较为常见。室内天然具有空间局限，因此曲线应用在设计中就显得尤为重要，它的视觉效果为空间增添了超乎想象的可能性。

图8-29两个方体扭曲衔接，形成曲线变化，视觉印象极为震撼。简单的几条曲线通过透视变化展现出复杂形体关系，设计巧妙。

图8-30欧式哥特大门经典的尖拱重复排列，形成规则、大气的入口形态，在曲线透视的影响下加强了进深感，突出入口。

图8-31复杂的形体部件被明了的曲线组织起来，形成一个整体，这样的曲线透视表达出力量和机械美感，赋予机械生命。

图8-32以汽车位代表的工业设计中曲线也是不可忽略的设计元素，它的运用不仅解决车本身的物理障碍，也给人速度的美感。

图8-33此设计巧妙的运用了曲线透视，图面表现极富浪漫主义色彩。曲线在透视现象中强化了形体却又不失清灵之感。

图8-34和图8-35云门的曲线流畅生动，在细致刻画了形体的同时，给人震撼的视觉体验。

图8-36建筑设计采用流线形态，几条三维曲线构成了建筑实体，曲线相互配合自然生成了变化平滑独特的曲面，给人柔美婀娜的视觉感受，赋予形体以生命。

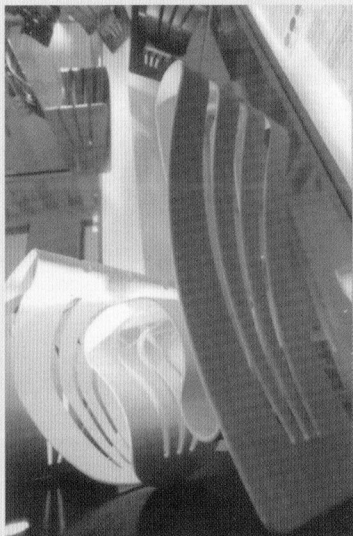

图8-20　曲线造型的家具设计

图8-21　曲线装饰结构的凳子

图8-22　室内设计的曲线造型

图8-23 兵库县立美术馆

图8-24 世博会湖南馆的曲线造型的展台

图8-25 展示空间中曲线造型的应用

图8-26 展示空间中圆形造型

图8-27 诺曼·福斯特设计的德国国会大厦室内

图8-28 曲线在展示设计中的应用

图8-29 建筑效果图表现曲线造型

图8-31 CG设计应用表现

图8-30 欧洲教堂的透视门

图8-32 汽车设计中曲线的应用

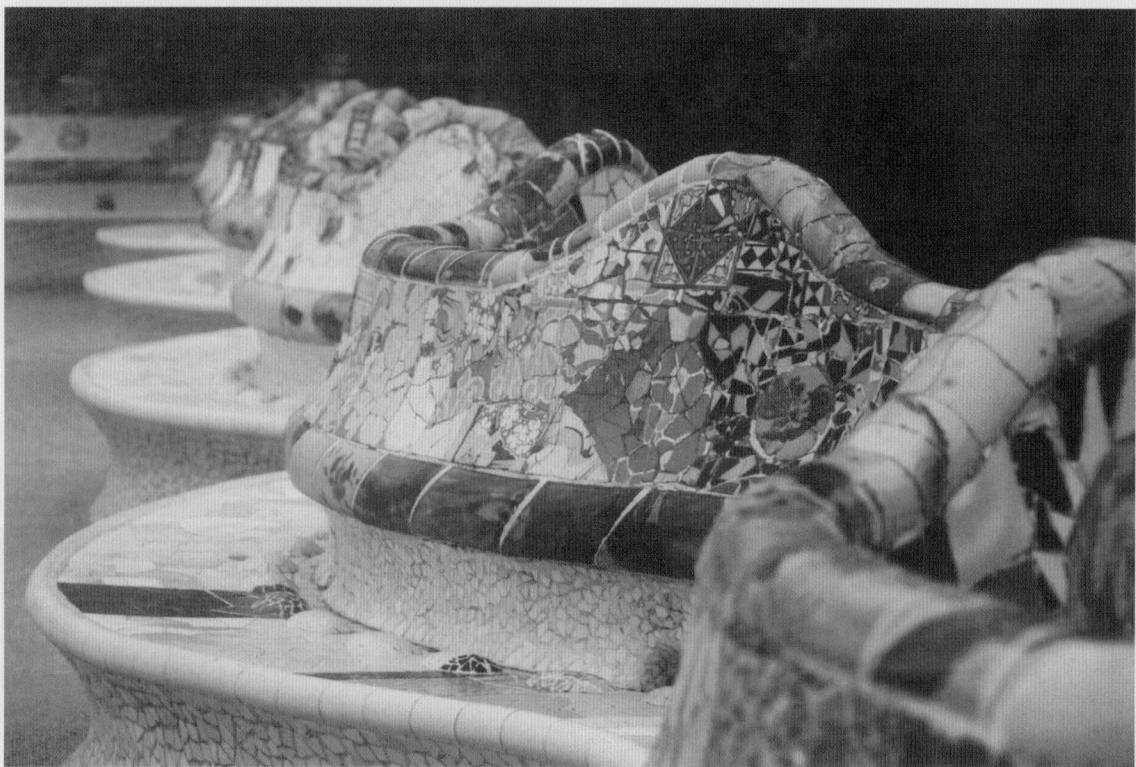

图8-33 曲线造型的雕塑效果图一

图8-34　曲线造型的概念表现建筑设计

图8-35　曲线造型的雕塑效果图二

图8-36 马岩松设计的梦露大厦表现曲线造型

复习与思考

1. 什么是曲线透视？
2. 曲线透视有什么规律和特点？
3. 曲线透视与规则几何体透视间的关系是什么？
4. 曲线透视是如何形成的？
5. 掌握曲线透视的基本绘制方法。

CHAPTER 9

阴影透视

"阴影无处不在, 只要有光的地方就会有影子"。影子和光像一对孪生兄弟, 密不可分, 因此它会随着光的变化而变化, 并产生透视现象。阴影透视的应用会使视觉效果得到强化, 这让影像更为真实。

▌课题概述

本章对阴影透视的特点、成因、绘图方法进行了详细介绍, 并列举大量生活中的实例对应用原理进行说明, 帮助读者在探究透视的同时也掌握光线对物体的作用规律, 运用影子的透视来直接地影响人们的空间感受。
通过对阴影透视的介绍和解析, 使读者更加深入地了解透视, 拓展透视的空间概念。

▌教学目标

要求能正确理解阴影透视的成因, 合理运用这种透视手段表现物体和空间。

▌章节重点

阴影透视的形成及基本绘制方法。

9.1 阴影透视概述

阴影是光带给这个世界的礼物。它随着物体一起发生透视变化，与物体密不可分。

9.1.1 阴影的形成要素

一切阴影的形成都具备光线、物体和承影面三个要素，这三者缺一不可（图9-1）。

1. 光线

形成阴影的光线中最为特别的两点是光点和光足。光点表示光源的位置，是光线的灭点，即灭光点。光足是光点向下的垂线与基面的交点，阳光的光足在地平线上，灯光的光足在照射基面上。

2. 物体

物体被光照射后不可避免地会产生受光面和背光面。光点发出的光线经过物体上各个阴影点，阴影最终投射到投影面上。

3. 承影面

在承影面上，影线连接起各个影点后形成落影。在落影中，属于影本身的部分消失于光足，属于形体的部分消失于视平线的灭点上。

9.1.2 阴影的概念

在现实的客观世界中，光线总是从光源沿着直线方向发散。物体在光源体光线的照射下，受光部分被称为阳面或亮面。物体与受光面相对的背光源部分，光线无法照射到那部分称为阴面或暗面。亮面与暗面的交界线叫做阴线，构成阴线的点叫做阴点，

阴点的垂线交于基面的点叫阴足。由于被受光面遮挡，物体所在环境中出现的阴暗部分成为影，影的轮廓线则成为影线。而影所在的面为受影面。阴与影的总和就是绘画中常用到的阴影（图9-2）。

在透视图中，物体的空间感和真实感主要靠物体的阳面、阴面和影子三个因素来表现，所以三者在透视图中缺一不可。

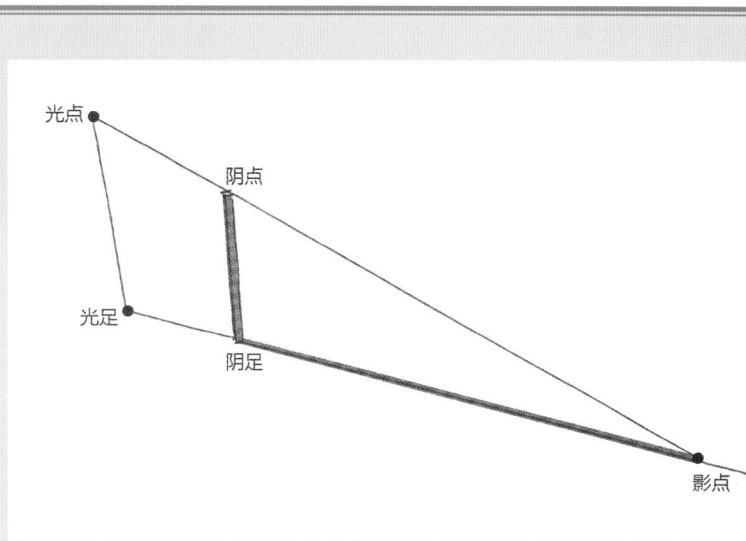

图9-1 阴影形成要素

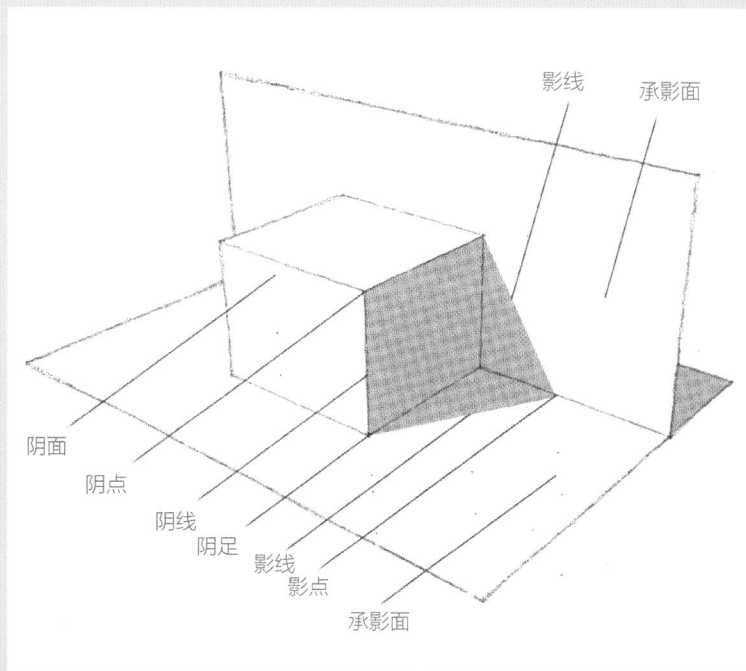

图9-2 阴影透视各个部分的名称

9.1.3 光线与阴影的关系

根据阴影形成的要素我们可以分析出，不包括物体本身形状这一因素，阴影的最终形态是由光线和承影面形态决定的。光线是绝对的直线，它照射到物体上时的阴影边线在平面投影面上仍为直线。即使是投射到曲面上的阴影也会与曲面的变化保持一致。相比之下，光线对阴影的影响则更为复杂，光源的方位、强弱都会对阴影的最终形态产生影响。

我们可以将光源本身分为自然光源（如日光、月光，图9-3至图9-4）和人造光源（如灯光、火光，图9-5至图9-6）两大类。由于自然光源的发光体离我们太过遥远，我们可以视自然光线照射呈现平行状态且会随时间变化而变化。而人造光的照射距离近，通常呈放射状态，它可以随人的需要固定在一个位置。当两种光源在照射条件完全相同的情况下，产生的阴影也有极大差异，所以根据光源的不同，我们将阴影透视分为自然光阴影透视和人造光阴影透视。

9.1.4 阴影透视的规律与特点

阴影的三要素是阴影形成缺一不可的条件，因此阴影透视的特点也与这三点密不可分。

① 光源离照射物体越高、越远、光线角度越大，阴影就越短小。反之则阴影越长。

② 透视中物体的阴影也跟着物体一起透视消失。

③ 阴影投在不同的受影面上时，会随着受影面的变化而变化。

图9-3 月光光源

图9-4 光之教堂

图9-5 峨眉夜雨

图9-6 长明灯火

9.2 日光阴影透视基本绘图法

下面了解一下日光阴影透视的基本绘图方法，掌握透视三维场景空间的塑造元素。

9.2.1 光线方向

在正常日光环境下，可根据光源或物体接受光照的具体方向，将光线分为侧主光源、前主光源和后主光源三种（图9-7、图9-8）。

1. 侧光

侧光又称侧面光源，它相对于受光体来说可左可右，在绘图时光线照射方向和角度通常用箭头表示。

已知直立杆AB，和左方向光线角度，求做在此光照条件下的阴影透视（图9-7至图9-8），以下为绘图方法。

过阴足A画水平线的垂线AB，过B点画已知角度光线。光线与水平线交于C点，此时AC即是阴影长度，用连续线完善阴影即可确定其位置（图9-9）。

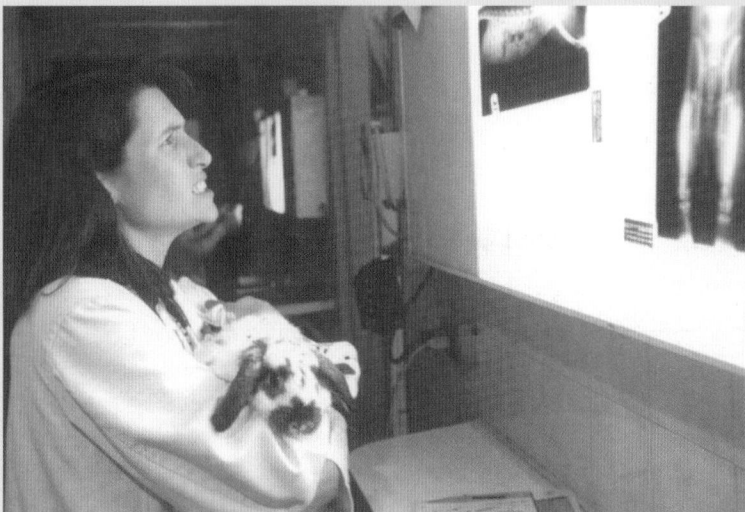

图9-7 生活中侧光的应用

图9-8 侧光形式的阴影

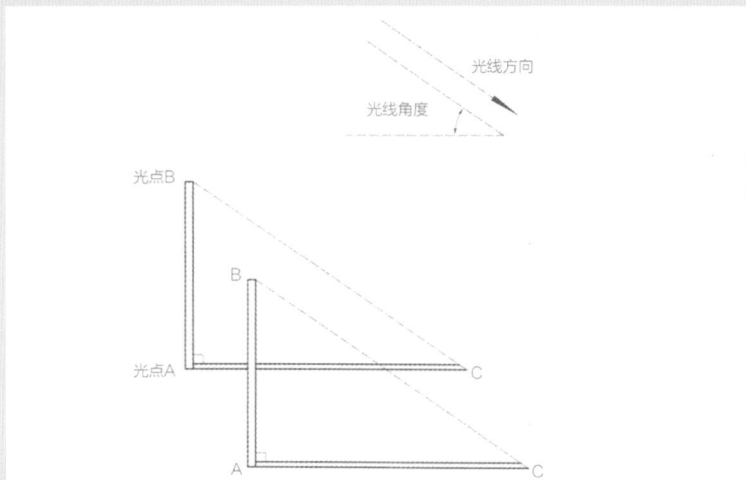

图9-9 侧光光源分析图

2. 逆光

逆光又称前主光源，是指当光源方向与观察者方向相对，并在物体背后时，物体处在逆光状态。此时承光面、光源与观察者形成了约为180°的水平角（图9-10至图9-11）。

已知直立杆AB、光点和地平线位置，确定阴影位置。以下为具体绘制步骤（图9-12）。

过光点引垂线，与地平线相交点为光足，连接光点与B点、光足与A点并将其分别延长，交得影点C点，AC即为阴影长度，用连续线完善阴影即可确定其位置。

图9-10 梦舞台植物馆

图9-11 车站

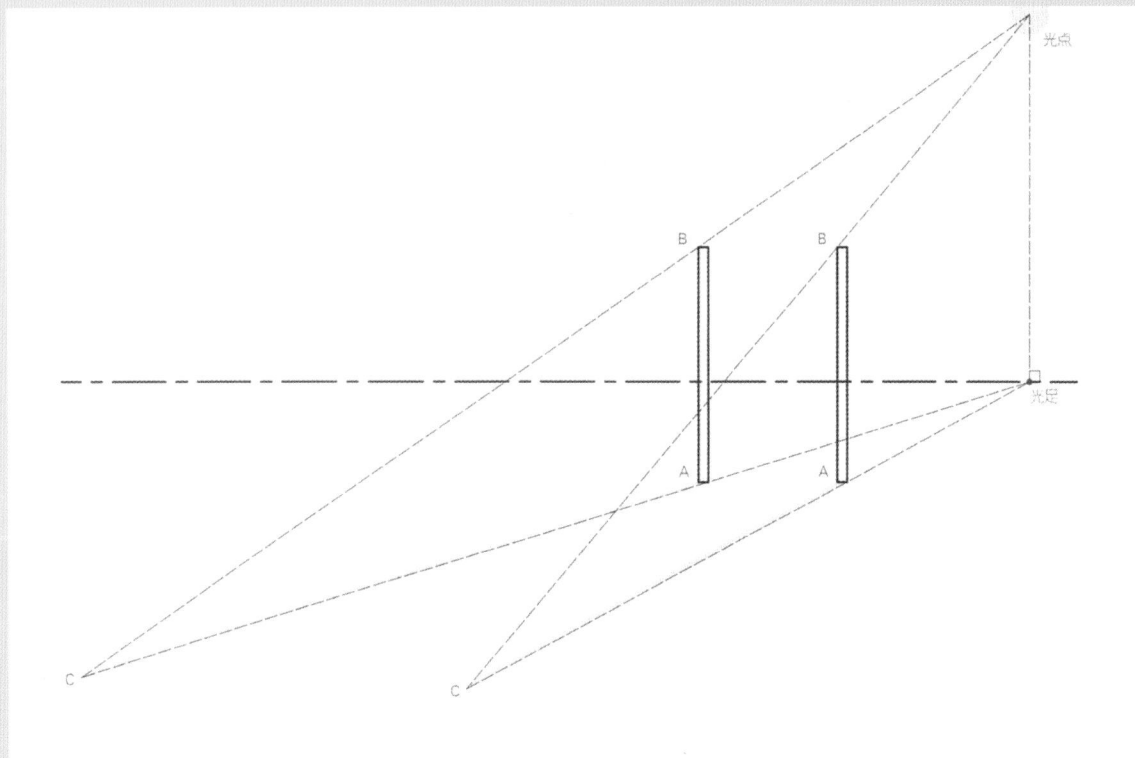

图9-12 逆光光源分析图

3. 顺光

顺光又称后主光源。是从观察者方向照明受光物体,其影子投在背光面而被遮没,受光物体表面受光,观察者能看到受光面固有色彩。

已知直立杆AB、光点和地平线位置,确定阴影位置。以下为具体绘制方法(图9-13至图9-15)。

从光点引垂线交地平线于光足,连接光点与B、光足与A,两条线相交于C点,AC即为阴影长度,用连续线完善阴影即可确定阴影位置。

图9-13 顺光时的阴影呈现

图9-14 顺光时阴影效果

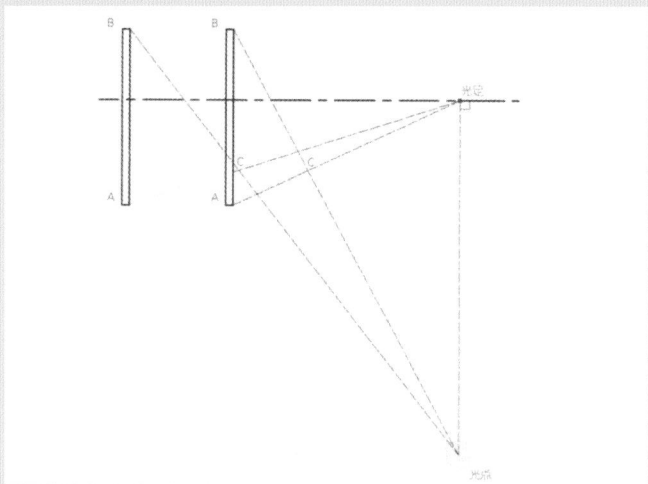

图9-15 顺光光源分析图

9.2.2 正方体阴影透视图

已知立方体、前主光源位置及高度，求做立方体投影透视。

步骤一

将立方体的四边看作四根直立杆，即AB、CD、EF、GH，过光点引垂线交地平线于光足（图9-16）。

步骤二

连接光点与A、C、G、E四点并将它们延长，同时连接光足与B、D、H、F并延长，得到I、J、K、M四点，点M在阴影范围内。

步骤三

依次连接F、I、J、K、D所形成的面即是阴影区域，调整后即为正方体阴影透视图（图9-17）。

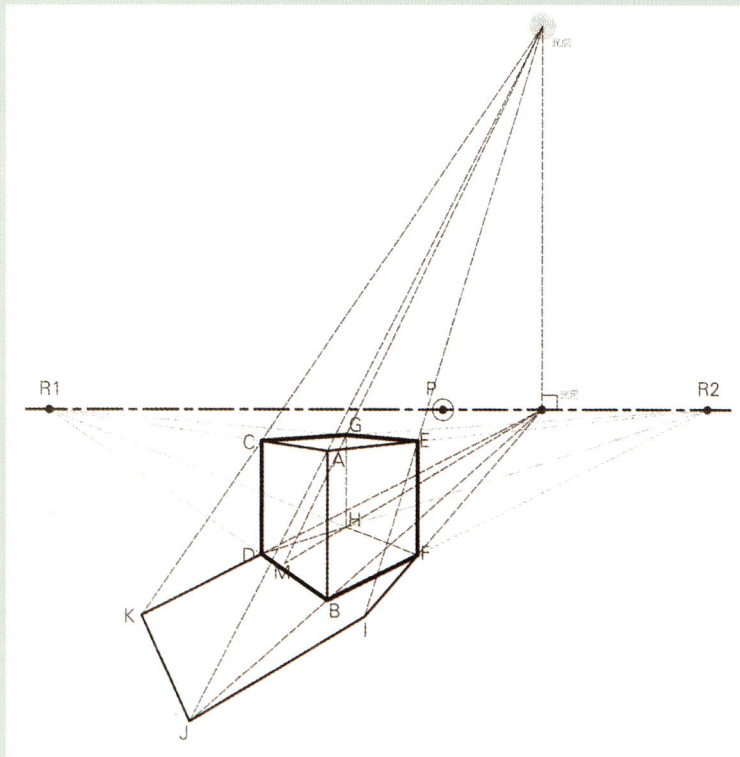

图9-16 步骤一和步骤二

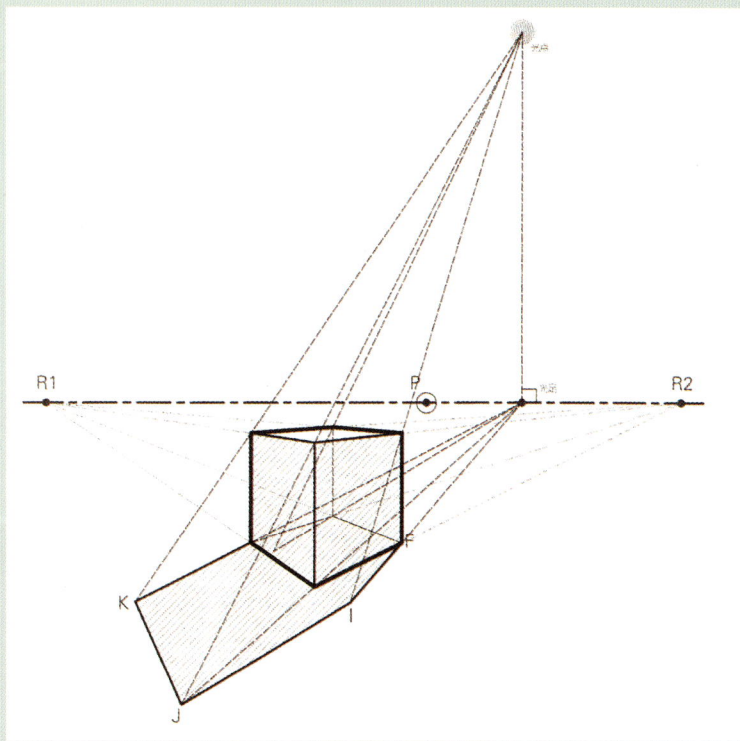

图9-17 步骤三

9.2.3 倾斜物体与斜面上
　　　　物体的阴影透视图

　　已知成角斜面向左侧倾斜，斜面上有一个长方体。前主光源的位置与高度如图9-18所示。求做出倾斜面与斜面上物体的投影透视。

　　步骤一
　　过光点做垂线求出光足1，并做出斜面灭线与垂线相交的光足2。连接光点与A并延长，光足1与B并延长，求出影点D，连接C、D两点得到斜面阴影（图9-18）。

　　步骤二
　　将光点分别连接M、L、N并延长，将光足2分别连接X、Y、Z并延长与之前步骤的延长线相交，可得E、F、G三个影点，依次连接X、E、F、G、Z求得阴影区域。

9.2.4 灯光阴影透视图

　　一般情况下，我们视灯光投影的光源为电光源，它可以是单一光源也可以是组合光源，常见的有白炽灯、日光灯等。当各个方向都有光源时，投影会消失，在医学上用的无影灯就是根据这个原理制成，这种灯光的光线与室外光源的不平行，为放射状。

　　1. 室外路灯下阴影透视图
　　已知四个立杆在斜面和平面上，仅有路灯一个光源。求做此场景下的灯光投影透视。

　　步骤一
　　分别将光点、光足1与AB、CD、EF连接得影点I、J、L，得出阴影长度BI、DJ、FK，用连续线完善阴影（图9-20）。

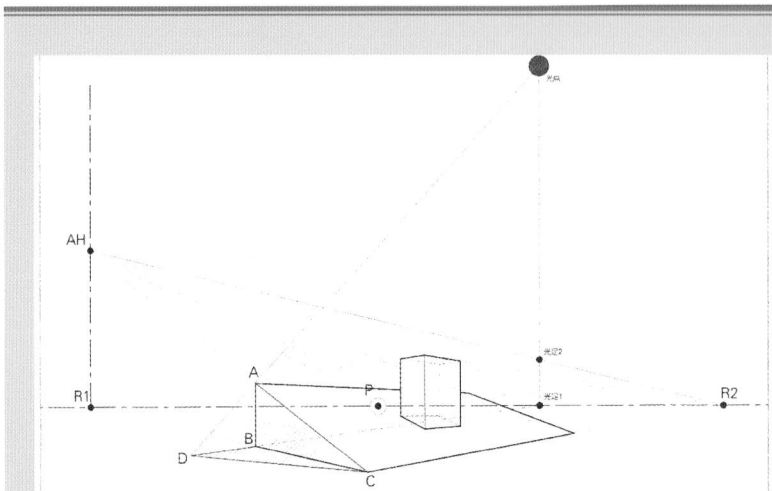
图9-18 阴影透视作法1

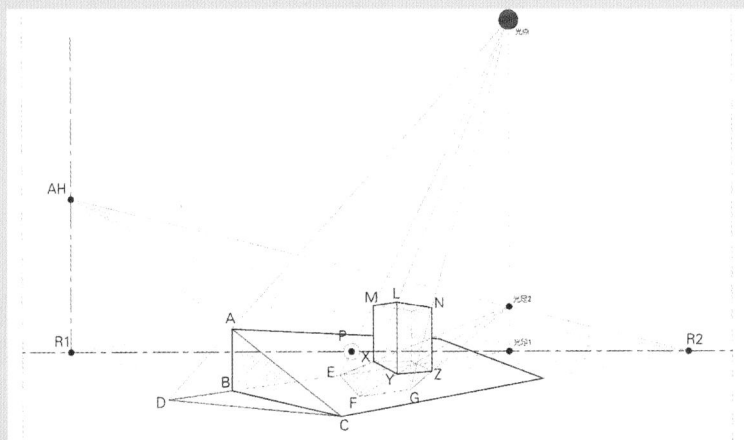
图9-19 阴影透视作法2

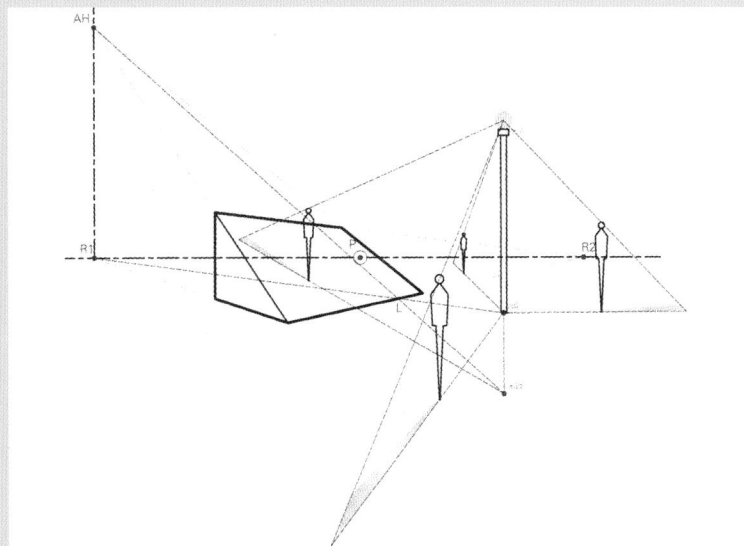
图9-20 室外路灯下阴影透视示意图

步骤二

将光足1与R1连接后，交斜面于L点，连接L与天点并将其延长与光足1垂线相交得光足2，将光点、光足2与G、H点相连并将其延长交得M，HM即为阴影长度，用连续线完善阴影即可得到其位置。

2. 室内的阴影透视

室内的灯光光源挂在天花板上，在室内的不同承影面上分布着七件物体，求做室内阴影透视图。

步骤一

以电灯的灯头为光点，电灯与天花板接触点为光足1，从电灯向地面做垂线得到光足2，向左右墙各做出垂线得到光足3、光足4。将光足1与主点P相连后与墙角交于一点，过该点做垂线交光点与主点P连线于光足5。桌面与光足3的垂线相交点处做水平线，交光点垂线于光足6，承影面上的光足则都是光点的垂直投影（图9-21）。

步骤二

将光点和各光足与相应直立杆的两端相连并延长，如果遇到墙体变化则根据墙体方向进行延长。

步骤三

视方体桌子的外边线为直立杆，将其与光点、光足2相连得到影点J，影线遇到墙角直立转向与光足3和K点连线相交，最后用连续线完善阴影（图9-22）。

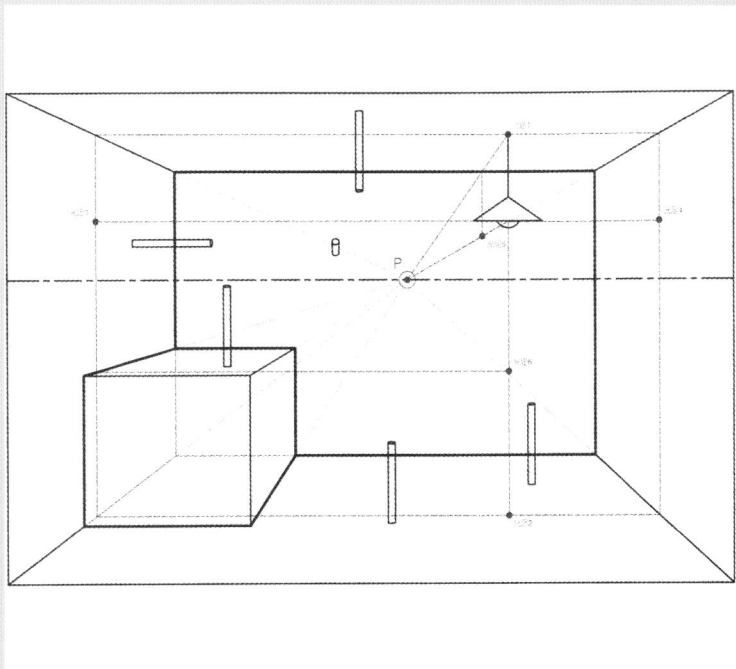

图9-21 室内阴影透视中确定光足

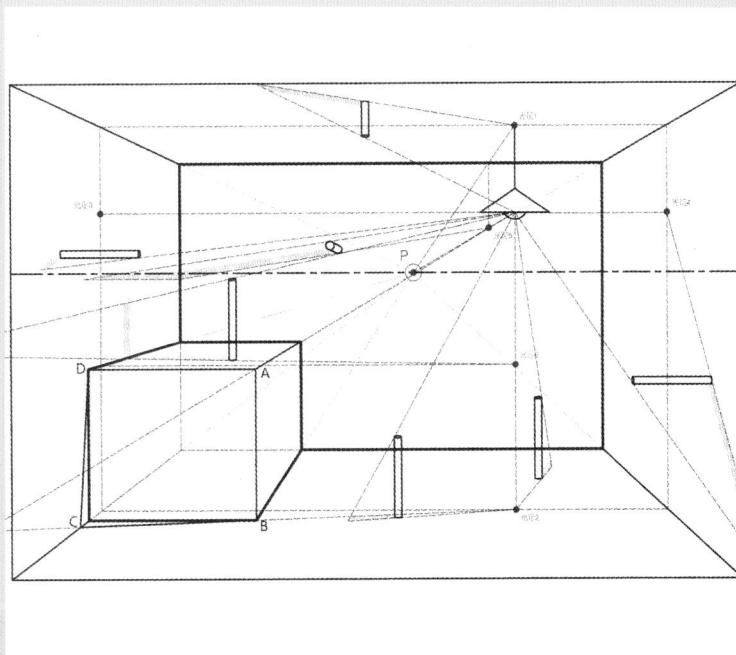

图9-22 步骤三

9.3 阴影透视的误区

阴影来源于光，对光的理解若出现误区则会体现于阴影透视之上。

误区一

日光中侧主光源产生投影，光线一定平行，若不平行则出现错误（图9-23至图9-24）。

误区二

前主光源投影需要有统一的光点和光足，若不统一则会出现错误（图9-25至图9-26）。

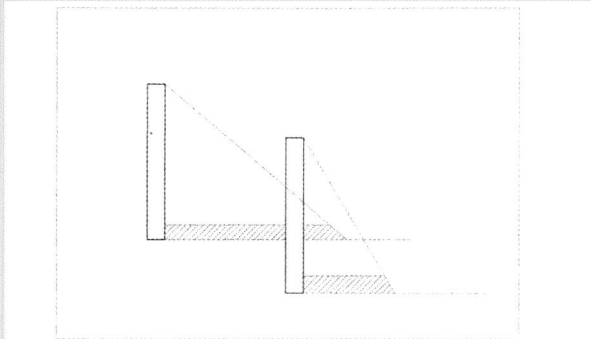

图9-23 日光侧光源产生投影的错误做法

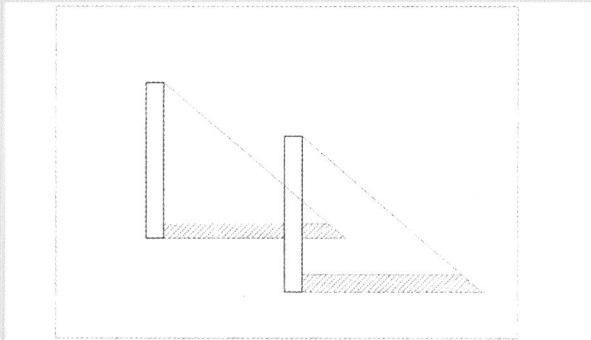

图9-24 日光侧光源产生投影的正确做法

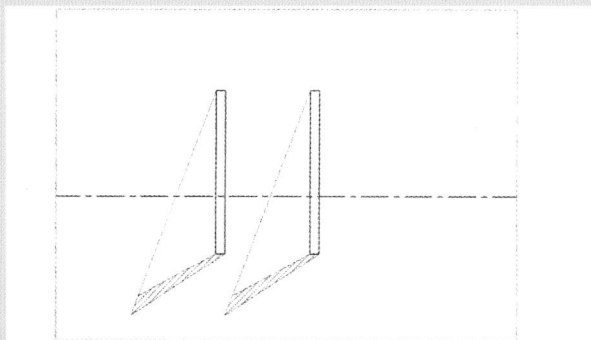

图9-25 逆光时产生投影的错误做法

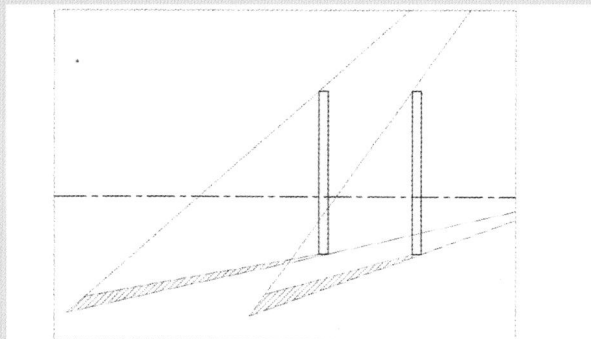

图9-26 逆光时产生投影的正确做法

9.4 阴影透视应用案例

阴影在现实生活中反映了物体的受光情况，实际运用不仅可以强化表现物体增强真实的空间感，也能突出空间体量和空间进深。通过光影的灵活变化也能制造出丰富奇妙的视觉感受。

图9-27朗香教堂的设计，用极具想象力地手法将光线引入室内，所形成的影子成为了视觉背景，光成为室内主体，突出了神圣的空间感受。图9-28 犹太人纪念碑由小体量方体按一定逻辑排列构成，在光线作用下形成变化丰富的阴影系统，这些阴影使得整个广场成为一个整体，以完整的体量关系呈现出来。

图9-29在前主光源作用下使得人物出现逆光效果，视线所及的面被影子覆盖，勾勒出清晰的人物轮廓。

图9-30照片中对侧光源的捕捉十分敏锐，光线照在脸上，周边的阴影烘托了人物面部，与伦勃朗的光影处理手法有异曲同工之妙。

图9-31欧洲城市中建筑变化较多，组成生动的天际线。这些建筑在光影的作用下形成一个统一整体，变化丰富，体量生动。

图9-32安藤忠雄对光和影的处理十分考究，他的作品注重表现光和影的边界所划出的简洁线条。直岛美术馆便是这种设计思路的经典案例，平滑的阴影界限在透视变化中表现出一种不失柔韧的力度感，这种感受与建筑带给人的感受高度吻合，含蓄且隽永。

图9-33伦勃朗对于光和影的处理极具特色，他在画中强调了光的作用，夸张地对影子进行了刻画，突出中心。

图9-34照片中的火堆形成中心光源，光线向四周发散，光源的不稳定造成了阴影变幻，使场景的阴影层次丰富。

图9-35这个设计中减弱了周边光影，却集中表现了核心建筑的光影效果。特别设计的影子由于中心光源作用放射状地向四周发散，视觉效果震撼，让人难忘。

图9-36雷诺阿的画作大多数以光影见长，树荫下的光斑很好的烘托了画面中舞会的氛围，光和影相互交织由近及远，将舞会场景立体地呈现出来。

图9-27 柯布西耶设计朗香教堂室内

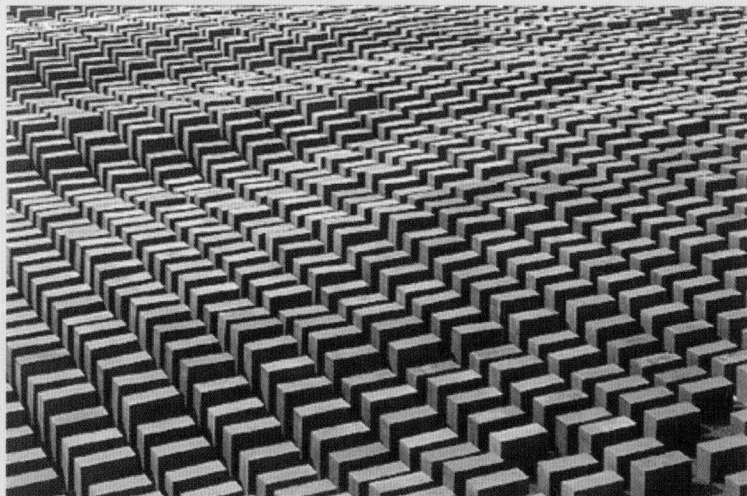

图9-28 艾森曼设计的纪念碑

图9-29 人像摄影一

图9-30 人像摄影二

图9-31 欧洲古城

图9-32 安藤忠雄设计的直岛美术馆

图9-33 木匠家庭

图9-34 火堆形成的光影效果

图9-35 美术馆概念方案

图9-36 红磨坊街的露天舞会

复习与思考

1. 什么是阴影透视?
2. 了解阴影的形成,进而了解阴影透视的形成。
3. 了解阴影透视的基本绘制方法。
4. 试分析为何阴影会加强人的空间感受?

CHAPTER 10

反影透视

我们知道，眼睛所看到的影像都是因为光的成像，生活中我们经常可以看到由于某些材料表面光滑形成镜面反射，而产生了镜面成像。这种成像现象也同样遵循着透视原则，但具有一定的独特性。

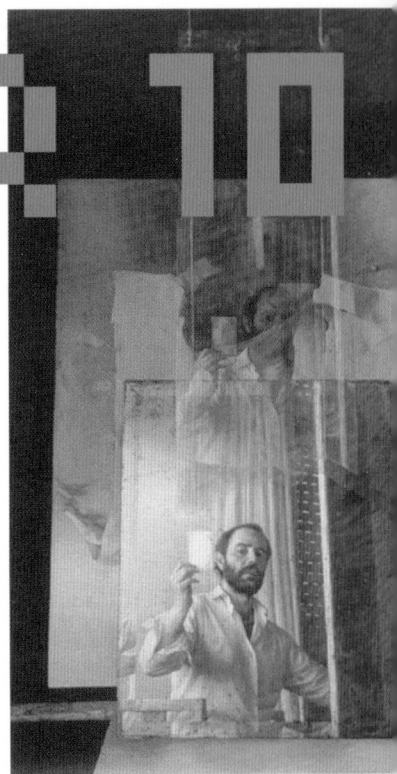

▌课题概述

本章对反影透视的特点、成因、绘制方法进行了详细介绍，并列举大量生活中的实例对应用原理进行说明，在遵循透视规律的同时，更深入地为读者说明了光线与影像的关系。

通过对反影透视的介绍和解析，使读者更加深入地了解透视，拓展透视的空间概念，理清视觉现象与光线的关系。

▌教学目标

要求能正确理解反影透视的成因，能够合理运用这种透视手段表现物体和空间。

▌章节重点

反影透视的形成及基本绘制方法。

10.1 反影透视概述

反影即映像,"像"与光是不可分离的。反影透视实质上也就是映像的透视关系,它是光线作用的结果。

10.1.1 反影透视的形成

我们知道,人之所以看到物体是由于物体表面反射的光线在眼睛上形成映像而形成的。在平静的水面上或者镜子前,我们都会看到清晰的反射影像,这是光线以一定规律被反射回来而形成的。反射面总是按入射角和反射角相等的规律把物体成像到观者眼中。因为反射面上的投影总是在人或物的垂直线上,所以看到的每个倒影都与原物体呈垂直状态。我们看到的物体在水里的反影实际上是物体在水面上的投影的倒立映像。当观察者的视角或位置发生变化时,反射的影像也会相应地产生变化。

图10-1 长白山天池的水面形成映像

图10-2 抛光不锈钢建筑表皮形成映像

图10-3 剑道馆镜墙

图10-4 滕翔宇设计的农业银行总行西广场

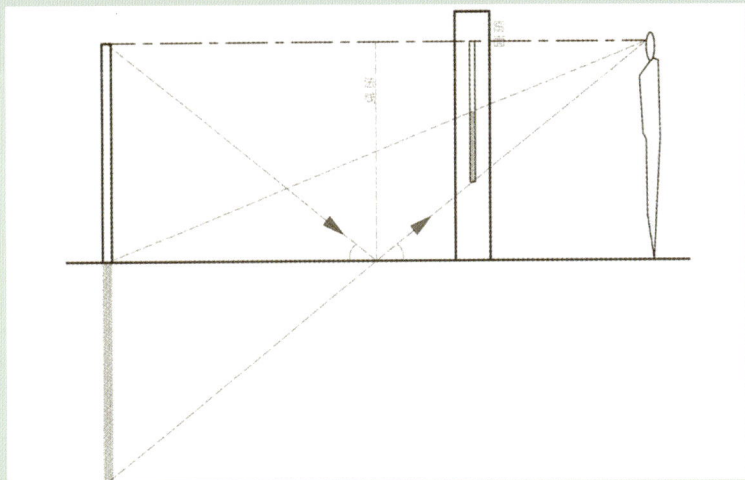

图10-5 反影透视示意图

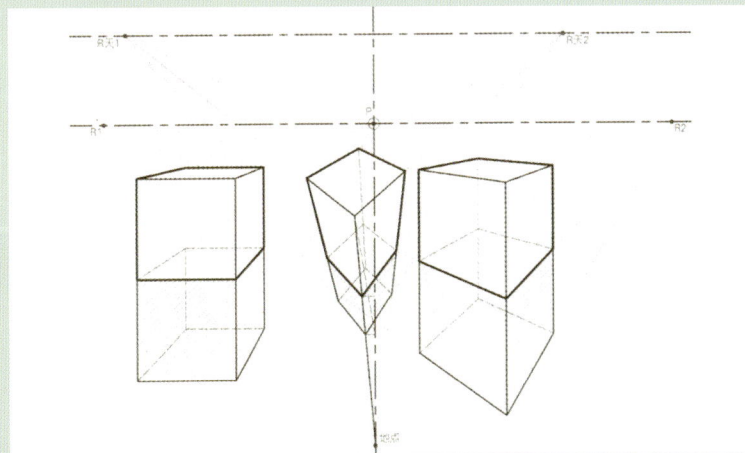

图10-6 反影透视的特点示意图

10.1.2 反影透视的概念

物体被反射出的映像即能形成反影。我们将反影、物体本身以及反影面之间产生的透视关系称为物体的反影透视。

反影面所处方位以及视向的不同，导致反影透视呈现出水平、垂直、倾斜等几种不同的状态。以水面为代表的一些光滑平面（如玻璃、光滑石材）所反射的虚像一般称为倒影；镜面反射出的物体虚像一般称为镜像。从根本原理上说倒影与镜像的成像原理都是相同的。

反影透视在设计和绘画创作中被广泛应用，对虚幻情境的表现感染力很强，它能够弱化虚幻和现实的边界，给人变幻莫测的视觉效果（图10-1至图10-6）。

10.1.3 反影透视的规律与特点

反影透视的独特之处在于其反影影像以及反射面，这些也是反影名称的来源。它在透视过程中的特点也集中表现在这两方面。

① 反影与物体之间呈相反方向。

② 反影到反射面距离和物体到反射面距离相等。

③ 反影的透视状态与反影透视之前物体的透视状态一致。

④ 反影透视应用原则和规律归纳起来就是：相反方向、相同距离、相同角度。

10.2 水面反影透视基本绘图法

水面反影是反影中的一个类型。在透视制图中我们要注意水岸和反影之间的关系，理顺了它们的关系是准确制图的基础。

10.2.1 平行透视的水面反影

已知平行透视的河岸、路灯和简易房屋。求做该场景的反影透视图。

步骤一

MN为水平面，等距求出河岸宽度和位置（图10-7）。

步骤二

将路灯延伸线与水平线交于A点，A点为平行线的对称点，做出路灯反影并与实际物体消失于同一个主点P（图10-8）。

步骤三

房屋最近点O消失主点P并将其反向延长，平均切割河岸找出对称点B，画出反影物体并消失于主点P，并完善透视图（图10-9）。

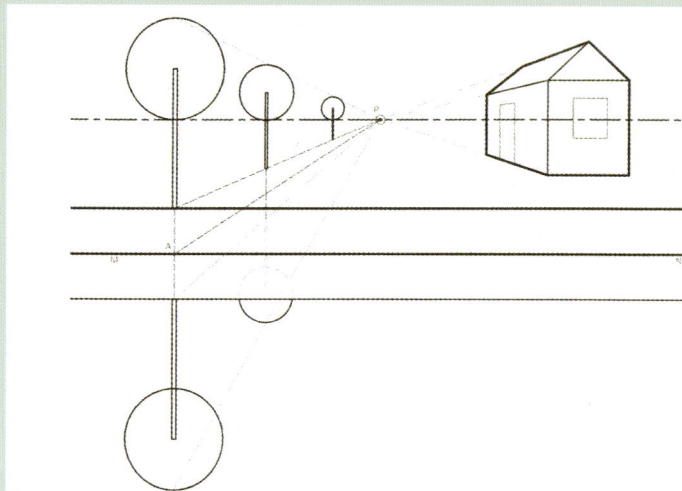

图10-7 步骤一

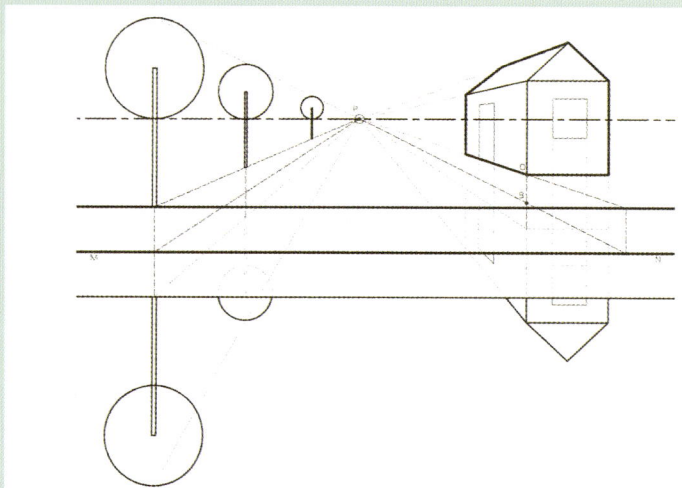

图10-8 步骤二

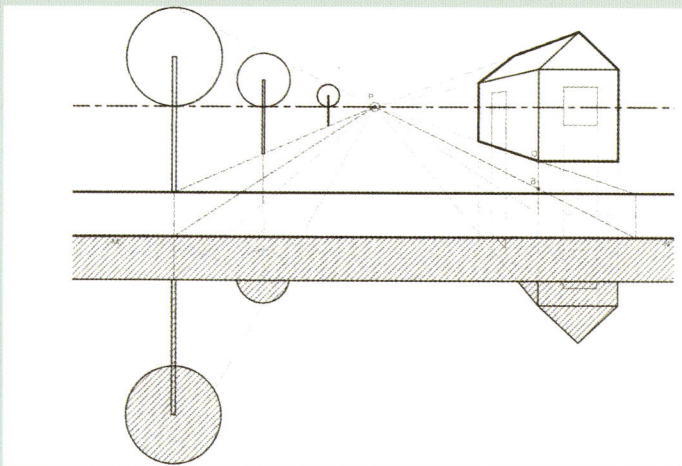

图10-9 步骤三

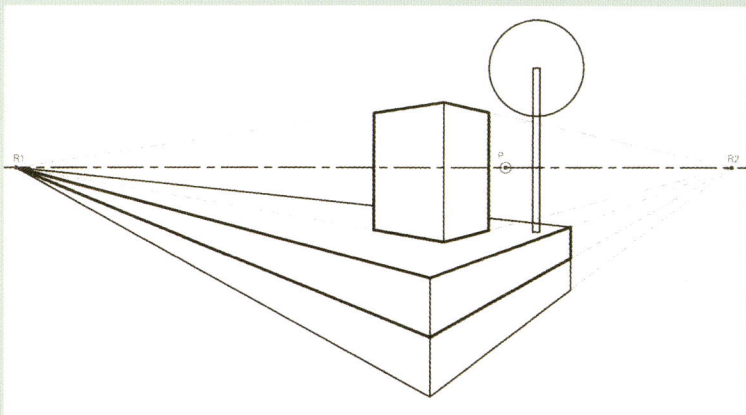

图10-10 步骤一

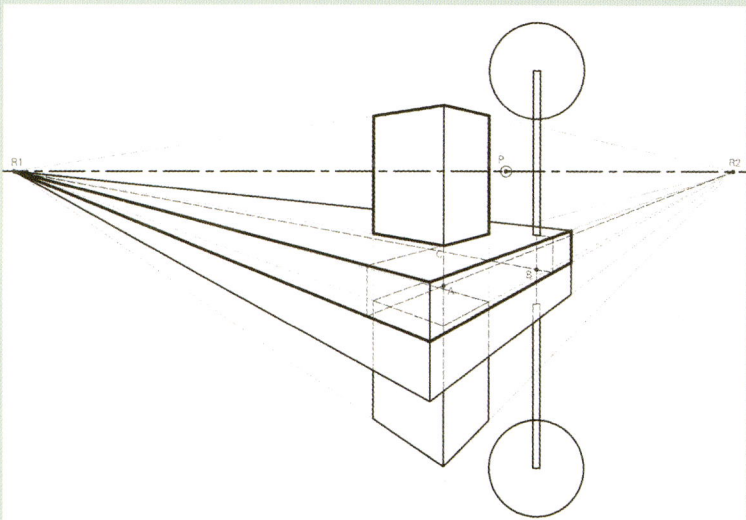

图10-11 步骤二

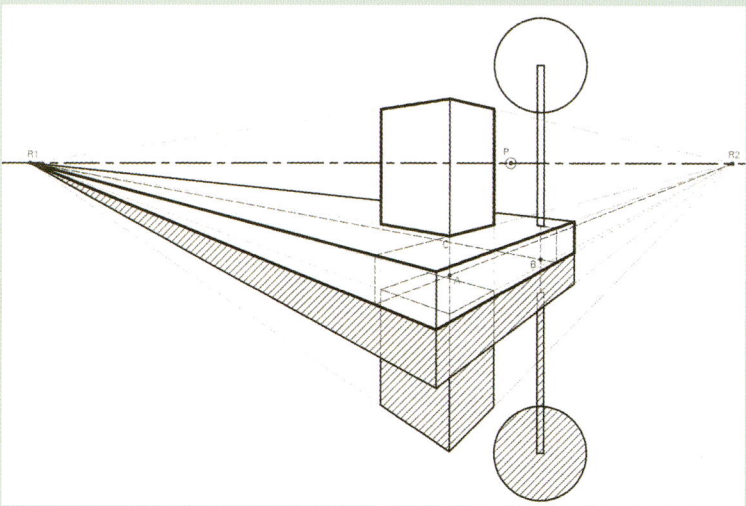

图10-12 步骤三

10.2.2 成角透视的水面反影

已知成角透视的河岸、树木和简易房屋，求做出此场景反影透视图。

步骤一

将河岸画出等距反影，分别消失于两个余点（图10-10）。

步骤二

把C点成角切割得到A点为对称点，做出反影并消失于两个余点（图10-11）。

步骤三

用切割法找出树木的水面对称点B，做出反影消失余点，整理后得到场景反影透视图（图10-12）。

10.3 镜面反影透视基本绘图法

镜面反影与日常生活最为贴近，相较于水面反影也更为复杂多变，因此在制图时要尤为细致。

10.3.1 平行镜面反影透视画法

我们使镜面平行于画面，直立杆AB中B点消失于主点P，与镜面边缘相交于点C，从C做垂线与点A和主点连线交于点D，CD为贴在镜面上的直立杆。取AB中点消失于主点P，用对角线等分法连接AE并延长至F点，过F做垂线交AP于点G，GF即是AB镜面反影（图10-13）。

10.3.2 成角镜面反影透视画法

成角透视反影透视为方便理解，我们选取两个比较典型的情况来进行说明。

画法一

直立杆AB与镜面平行，镜面与画面成角。直立杆的反影是原线，它没有消失变化而只有长短变化。将B点消失于R2得到D点，将A点消失于点R1，并从D点做垂线交于点C，利用对角线等分法求出AB反影（图10-14）。

画法二

水平杆与画面垂直且与地面成角，设定杆与其反影为变线。R1、R2是镜面与画面的成角，R3、R4是反影与画面的成角。分别将A、B两点向R2消失，A点的消失线与镜框边缘交于点G，过A点作水平线，与镜面边

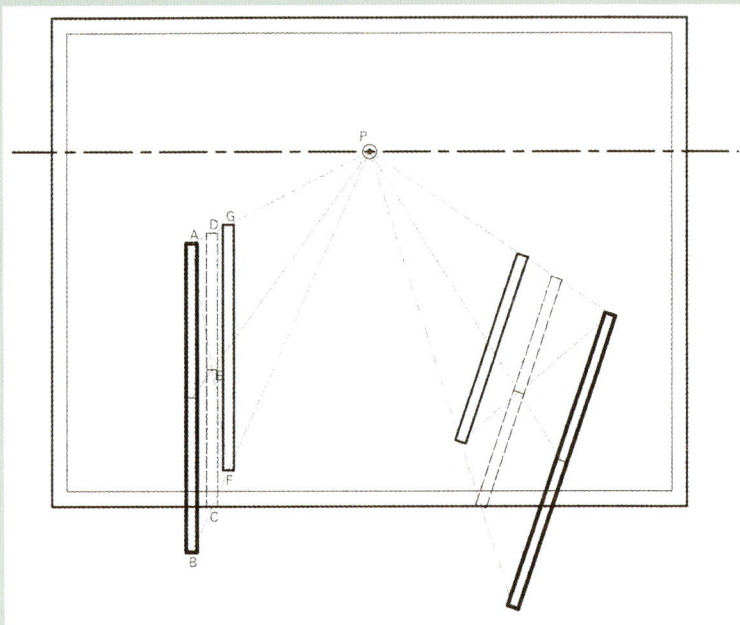
图10-13 镜面反影透视画法示意图

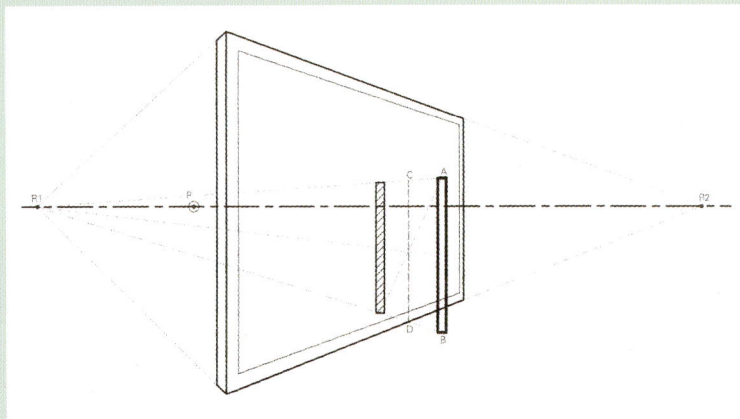
图10-14 画法一

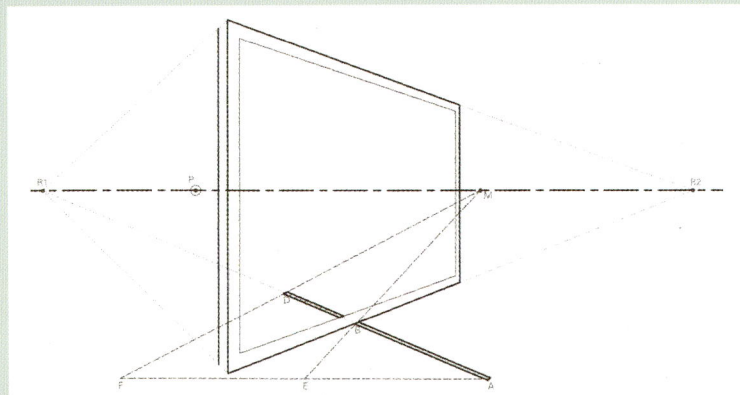
图10-15 画法二

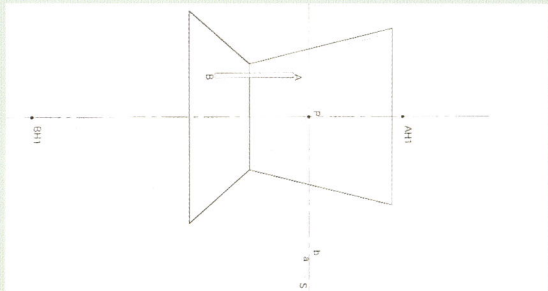

图10-16 倾斜镜面反影透视示图一

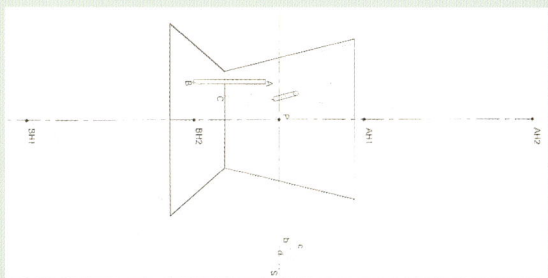

图10-17 倾斜镜面反影透视示图二

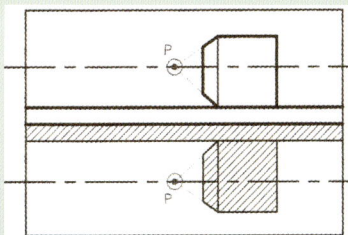

图10-18 错误作法一

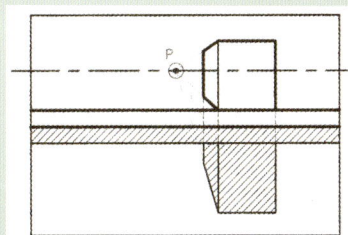

图10-19 正确作法一

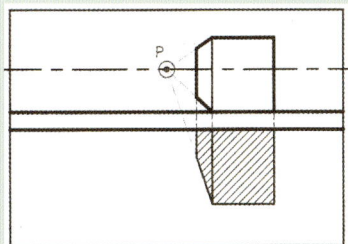

图10-20 错误作法二

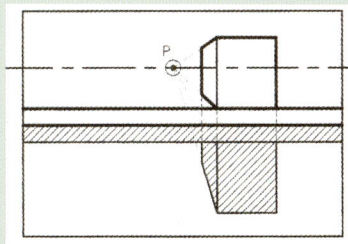

图10-21 正确作法二

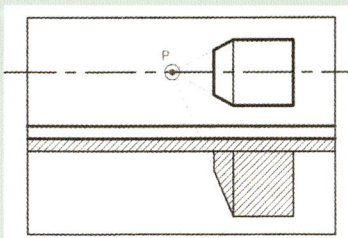

图10-22 错误作法三

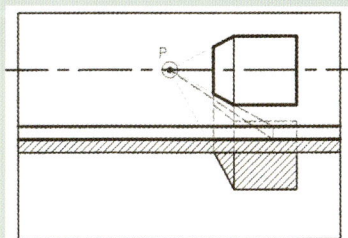

图10-23 正确作法三

缘交于点H，连接H、R4交A点所在消失线于C，将B的水平线和向R4的消失线相交得来，CD即是反影（图10-15）。

10.3.3 倾斜镜面反影透视画法

镜面与画面倾斜，直立杆垂直于地面，同时也向镜面倾斜。AB为直立杆是原线，反影为变线。∠a=90°，作垂直于镜面的反影线，∠b是镜面与地面的角度。作∠c=∠b这是反影中镜面与地面的角度，可求出AH2，已知∠a=90°，可作∠d=∠a求出BH2。连接BP交镜框下沿线于C，连接C、BH2和B、AH1，求得E点，连接BH2、E延长线交A、AH1得点F，EF即为AB反影,EF由于倾斜透视呈现出上大下小，消失于BH2点（图10-16至图10-17）。

10.4 反影透视误区

平行透视水面反影应消失于一个视平线以及一个主点，而不是简单的轴对称（图10-18至图10-23）。

镜面反影透视虽然情况比较复杂但不易出现误区，水面反影透视由于水岸和反影之间的关系需要理顺因此产生的误区较为典型。

（1）平行透视水面反影应消失于一个视平线一个主点，而不是简单的轴对称。

（2）水面反影中不要忽略河岸反影.

（3）在水面反影透视中，反影不能以河岸为基准，要首先找到对称点进行反影成像。

10.5 阴影透视应用案例

反影在日常生活中极为常见，它的透视应用更多地用来烘托空间氛围，设计师或画家们利用反影表达自己寄托在作品中的情愫。同时反影透视本身也是对空间的拓展，会营造极为开阔，魔幻的空间及视觉感受。

图10-24和图10-25镜面成像使看似简单的画面复杂丰富起来，反影透视的应用又进一步拉开了空间进深，给人一种不真实的空间感受，但却引人入胜。

图10-26这幅作品十分巧妙地利用了反影透视，构思独特。大场景的反影透视运用不仅很好的表现了真实的现场感，也没有剥夺主要内容的核心地位。

图10-27此画颇为真实地描绘了水面反影，并利用反影充实了画面内容，优化了构图。图10-28泡泡的镜面不锈钢材质将有限地庭院空间进行了视觉延展。由于镜面为曲面，所以呈现出更为陆离的视觉映像，极具趣味性。图10-29摄影作品中水面倒映出孩子的影子，水面之上的世界被写意般地描绘在水中，静谧而深入心灵。

图10-30水之教堂巧妙地将水面反影融入建筑，将反应透视当做建筑手段，形成干净、神圣的空间意境，与建筑主题相扣。

图10-31和图10-32静水面在景观中应用广泛，平静水面所形成的反影透视很好地丰富空间内容，往往会优化空间感受，这已经成为一种颇受欢迎的景观设计语言。

图10-33和图10-34这两个案例均为小空间内应用反影透视，这种手法的应用目的在于打破小空间界限，并丰富视觉感受，增加空间内的趣味性和可看性。

图10-35和图10-36生活中的反影透视随处可见，两幅照片中对这种透视表现地非常明确，它们所形成的视觉感受也通常具有使用功能。

图10-37云门比较直接地运用了反影透视手法，直扣主题。用镜面暗喻了影像的无常，本质上与云相似，有限的体量展现出无限的内容。

图10-38天空之境中的反影透视比较明显，真实地反映了现实世界影像，形成水天相接的景象，极为震撼宛若梦境。

图10-39江面的平静十分完美地形成了水面反影，似真似幻，场景极具视觉冲击力。

图10-40拱桥在水面反影透视地作用下形成了一个完整的"月亮"，这样的创意十分应景，具有浓厚的浪漫主义色彩，空间意境颇为巧妙。

图10-41剖光石材在景观中应用如水面和镜面的效果相近，只是作为硬质景观出现时，对规模比较讲究，通常视为点睛之笔。

图10-42车站建筑正立面采用大量镜面材料，从人视角望去正好反射天空镜像。从视觉上拓展了广场空间，给人一种放松，舒适的空间感受。

图10-24 自画像

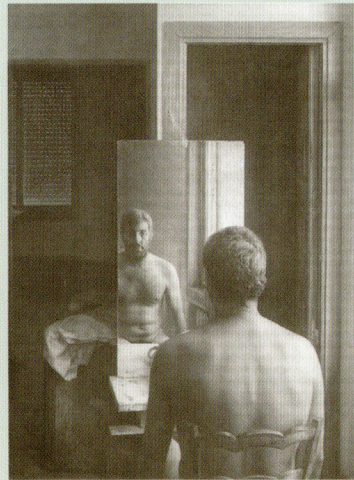

图10-25 镜子中的自己

图10-26 女神游乐场的酒吧

图10-27 列维坦的《春讯》

图10-28 马岩松设计的胡同泡泡

图10-29 水面反影

图10-30 安藤忠雄设计的水之教堂

图10-31 水池反影

图10-32 净水池

图10-33 马萨舒瓦茨的某屋顶花园

图10-34 景观设计应用

图10-35 玻璃反影

图10-36 镜面反影

图10-37 英国 AnishKapoor的云门

图10-38 天空之境

图10-39 江面反影

图10-40 景观反影应用

图10-41 抛光石材应用

图10-42 镜面的建筑立面

复习与思考

1. 什么是反影透视？

2. 了解反影的形成，进而了解反影透视的形成。

3. 了解反影透视的基本绘图方法。

CHAPTER 11

透视的应用

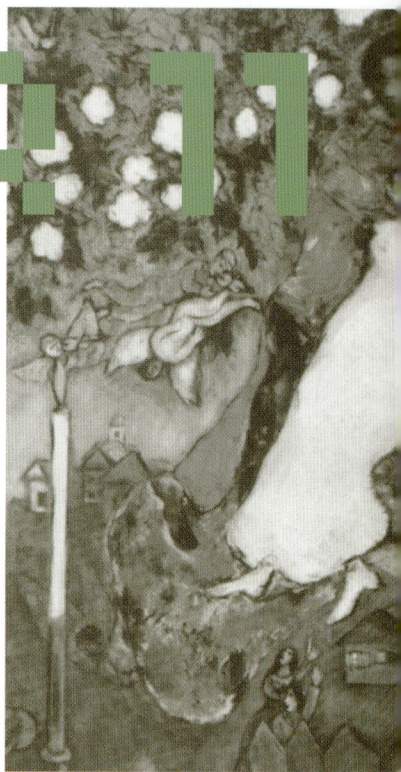

在绘画的发展过程中，透视如影随形。可以说绘画和透视几乎就没有分开过，因此对绘画中透视的探讨也就显得意义非凡。我们在这一章挖掘出透视对于绘画和设计的意义，以此来窥探透视对于人类的意义。

▌课题概述

透视学最早应用于绘画，它的发展与绘画紧密相连。本章以绘画和设计应用为例，探讨透视在实践中的应用，另外，本章也简单阐述了透视与构图之间的关系，以便读者正确理解透视规律在绘画中的应用。

▌教学目标

了解透视学在绘画与设计中的基本应用。熟悉透视与这两方面的内在关系。正确理解透视在发展中发挥的作用。

▌章节重点

正确理解透视在绘画与设计发展中的作用。

11.1 绘画中的透视

绘画是纯粹的视觉艺术，而透视在绘画中占有特殊地位。可以说绘画的发展和透视是密不可分的，二者相互依托，共同发展。

11.1.1 静物绘画的透视

静物画看似是题材单一、场景简单、占据空间小的艺术作品，但它反映的却是整个宇宙的秩序和状态。其他绘画题材可以通过物体自身的特点和技法的表现力丰富绘画内容，但静物题材却只能通过画家在绘画时情绪的波动、笔触、颜色等因素来进行创作。对于这种以表现静止物体为主的绘画形式，它要求画家尽可能地在表现自我思想的同时传达物象的内在感情。由于静物画占据空间较小，所以画家往往更注重用透视来营造画面（图11-1至图11-3）。

图11-1 生日

图11-2 静物画一

图11-3 静物画二

为表现出不同于夏加尔（图11-4）在平行透视基础上对装饰元素的追求，塞尚对欧洲传统的焦点透视法则进行了颠覆，长期遵循着焦点透视原理的西方绘画开始面临挑战和质疑。塞尚就像一个先行者为绘画打开了一扇通向更广阔世界的大门。他在自己的作品中采用了移动视点的透视方法，对已有原则进行分解并将其灵活运用，极大地扩大拓展了表现空间的方式。正是他的尝试促成了现代绘画的诞生（图11-5至图11-7）。

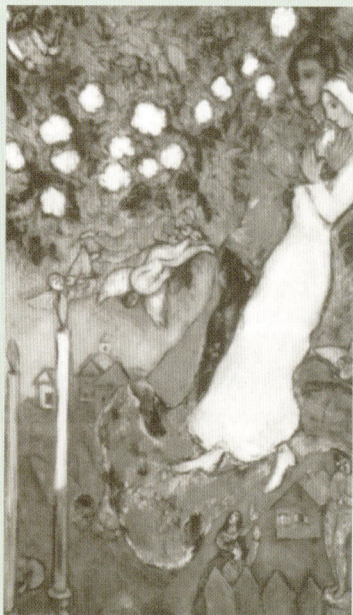

图11-4 三根蜡烛

图11-5 静物画三

图11-6 静物画四

图11-7 向日葵

提到静物画就不得不提莫兰迪，他选择种类极其有限而简单的生活器皿作为绘画的主要对象，而且几乎对所有静物画都采用了平行透视。与夏加尔不同的是，他的画真正诠释了"质朴"在绘画中的意义，画面上的一切都是用最简单、最直接的方式表达，"平实"反而就是它画作中最突出的特点。他将平行透视的应用水平发挥到了前所未有的高度，甚至让这种透视成为了他思想表述的符号，将规则提高到了精神层次，这也成为了透视在当时的一种发展方向（图11-8至图11-11）。

在绘画领域，静物画给我们提供了一个从物质性表现到主体表现的脉络，它对透视规律的运用也体现出艺术家对透视规则的严格遵守到灵活综合运用的规律变化。可以说由于静物画题材微小，所以能够很明晰和严谨地体现了透视发展的前景。

图11-8 静物画一

图11-9 静物画二

图11-10 莫兰迪静物画三

图11-11 莫兰迪静物画四

11.1.2 风景绘画的透视

从美术发展的历史上看，风景画是在人物画的基础上发展起来的独立绘画题材。从14世纪到19世纪60年代，风景画都是遵循着焦点透视体系而发展的，它的空间范围较大，风景画家往往为了更真实地表现视觉空间，会营造身临其境、远近空间层次分明的感受，他们更加注重运用透视原理和大气、色彩的透视变化。这就对透视应用提出了更高的要求，既要求对透视法则应用熟练，又要处理好实际景物和视平线的关系，除此之外，还要对色彩规律有深刻认识，要有意识地组织复杂的景物，使画面表现更加合理。

在15世纪的德国画家丢勒的水彩画（图11-12至图11-13）和阿尔·特多费尔的油画中（图11-14），出现了有地域标志特征的风景画。很多画家都认为，丢勒的风景画是可以"掌握"的，而阿尔·特多费尔的风景画

则只能感觉。丢勒的理性和阿尔·特多费尔的感性几乎代表了当时风景画发展初期的两条道路，但他们的作品无一不严格遵循透视原理，虽然这种应用具有明显的时代印记，但为今后发展和17世纪荷兰风景画的成熟做好

图11-12 风景画一

图11-13 青草地

图11-14 有城堡的风景

了铺垫。

17世纪荷兰画家维采尔（图11-15）、霍贝玛（图11-16）对风景画的发展也发挥了重要的作用，其中霍贝玛对焦点透视表现空间深度把握得非常精到。与此同时，风景画的表现题材范围也渐渐扩大，自然界中与人类生活有关的一切风景都被分门别类并表现出来，例如海景画、街景画等，甚至还产生了揉和着个人感情和憧憬的牧歌式理想风景画，可见当时的风景画不仅记录现实场景，也开始被人用来表达情感。

图11-15 河堤上的风景

图11-16 米德尔哈尼斯的林荫道

到了19世纪，画家们开始关注那些从未被前人描绘过的自然景物，如大海、四季、晨雾等，以柯罗（图11-17至图11-19）和米勒（图11-20）为代表的巴比松画派，开始采取自然主义的态度表现风景。画家们开始尝试将风景的感受表现在画面上。巴比松画派讲究虚与实、隐与现，严格地说，这和画家内心精神的表达以及透视并无直接关系，但结合焦点透视却增强了透视效果和透视感觉的真实性，顺理成章地将意识化的元素像诗一般地表达在画面上。

图11-17 池塘边的三头牛

图11-18 芒特的嫩叶

图11-19 孟特芳丹的回忆

图11-20 牧羊女与群羊

在19世纪后期，印象派画家用色彩表现光色和光感，表达大气间透视的微妙变化。他们注重景物中的色相、明度、纯度、冷暖的对比关系，营造近乎真实且合理、略带夸张的视觉效果。在他们的作品中，很多画面表达是模糊朦胧的，这不但有利于对空间的处理，在某种程度上也透露了画家对自然的态度和理解。

印象派的出现使人类的视觉体验不仅仅满足于真实，也开始向个性化迈进，画家们试图将自己对事物的理解而不是内容传达给观众，当然这也预示着新的艺术体系即将萌发。透视在这一阶段的运用也更加灵活，开始由一把标尺转化为感受和情感表达的工具（图11-21至图11-28）。

图11-21 莫奈的《干草垛》

图11-22 圣拉撒路火车站

图11-23 莫奈的《蒙托尔街的节日》

图11-24 毕沙罗的《菜园和花树·蓬特瓦兹的春天》

图11-25 毕沙罗的《通往卢弗西埃恩之路》

图11-26 瓦赞村口

图11-27 梵高的《日落阿尔附近的麦地》

图11-28 满天星斗下的罗纳河

11.2 透视对绘画构图的影响

在绘画的实践中，构图是绘画前期必须考虑的问题。所谓构图就是在有限的画面内将各类形式语言按一定的内在关系进行有效组织和配置，形成能统一表达或有助于统一表达某种情感或思想的有机整体。一般情况下，构图的作用有三个：

① 确定画幅尺寸。

② 在画幅范围内对画面进行组织安排，主题既要突出也要具有多样性与条理性，且具备视觉美感。

③ 通过组织画面来引领观赏者视觉重心，甚至传达给观赏者某种意识化的内容或情绪。

构图在透视中所占的地位是无法被替代的，它们大多都是相伴而来，既相对独立也相互关联。我们通常根据透视规律将构图分为三种，即焦点透视构图、散点透视构图、反透视构图。

焦点透视构图是构图中最常见的一种类型，它源自西方透视体系，运用线透视法则使画面产生不同的视觉效果。在透视构图中，视点的高低、视向的仰俯、物距的远近、画幅的形状都会形成不同的构图效果，所以视点、视距、物距和画幅对透视构图起着决定性作用，将它们准确地选择和运用才能使画面得到理想的构图效果（图11-29至图11-31）。

图11-29 列维坦的《白桦丛》

图11-30 列维坦的《弗拉基米尔路》

图11-31 风景写生

散点透视构图是中国传统绘画中惯用的表现形式。由于视点或视向不惟一，散点透视在表达场景多样性上是焦点透视无法企及的。这种构图可根据画家的构思需求突破单视域或单视角的原则，将信息统一归纳到一个画面中，这不仅是一种颇具想象力的处理方式，也是中国传统审美观念的体现。而在散点透视构图中，三远法构图是最主要的一种类型（图11-32至图11-34）。

图11-32 宋代范宽的《临流独坐图》

图11-33 江行暖色

图11-34 鹊华秋色图

反透视是相对于欧洲经典透视理论提出的，由于摄影技术的写实绘画渐渐失去了原有地位，这为反透视的产生创造时机。再加上科学技术的飞速进步，使人们的眼界迅速开阔起来，社会的变革，使人们在认识事物的观念上发生巨大变化，人们的内心开始向个人化和矛盾化两个方向发展，这为反透视的滋生提供了肥沃的土壤。

反透视并非完全颠覆透视法则，而是在原有经典透视原则基础上更灵活、更多元地运用透视原理。它的发展点无外乎是视域、视点、视向和物距这几个方面，由这几点出发便形成了广角透构图、移点透视构图、变点透视构图、失焦透视构图、混合透视构图这几个主要透视构图形式（图11-35至图11-38）。

11.3 透视对于绘画的意义

透视学的产生和发展为绘画对空间的探索提供了最直观的参考依据。有了透视，人们对复杂场景、纵深尺度大的场景的描绘才成为艺术作品，它为二维画面的表现增加了空间的深度，这意味着绘画可以更加接近客观现实。在19世纪初，欧洲绘画也经历了这一阶段，正是由于人们与客观事实的近距离接触才唤醒了人们对主观感受的重视与挖掘，开拓出现代艺术人文主义的新局面，这是人性解放的胜利，也是透视学发展的新高度。

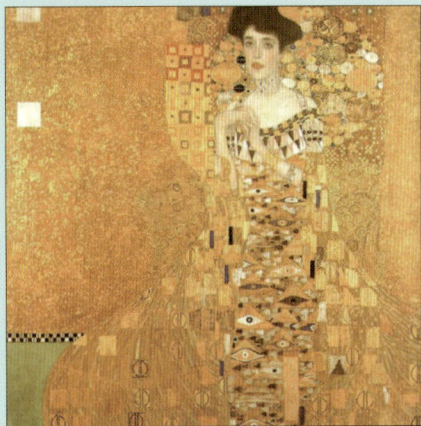

图11-35 克里姆特的《埃赫特男爵夫人》

图11-36 毕加索的《自我陶醉的女人》

图11-37 康定斯基的《构成第七号》

图11-38 马蒂斯的《生活的欢乐》

11.4 设计透视概述

透视学属于绘画专业和设计专业的技法理论课程，是高等艺术院校学生的必修课，也是成功设计师必须掌握的基本知识。

11.4.1 什么是设计透视

透视学是视觉艺术领域中的技法理论学科，在应用于绘画、建筑设计方面有较长的历史，体现出了科学与艺术的结合关系。（图11-39至图11-40）。

设计透视就是设计对透视原理的应用，对设计起到辅助、矫正、预览的作用（图11-41至图11-42）。

图11-39 拉斐尔的《阿尔巴圣母》远景与人物的透视关系

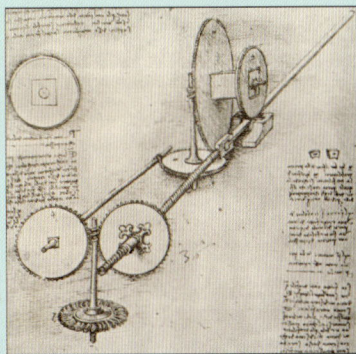

图11-40 工业产品设计手稿一

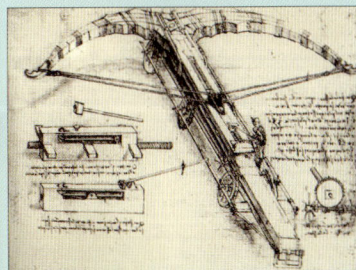

图11-41 工业产品设计手稿二

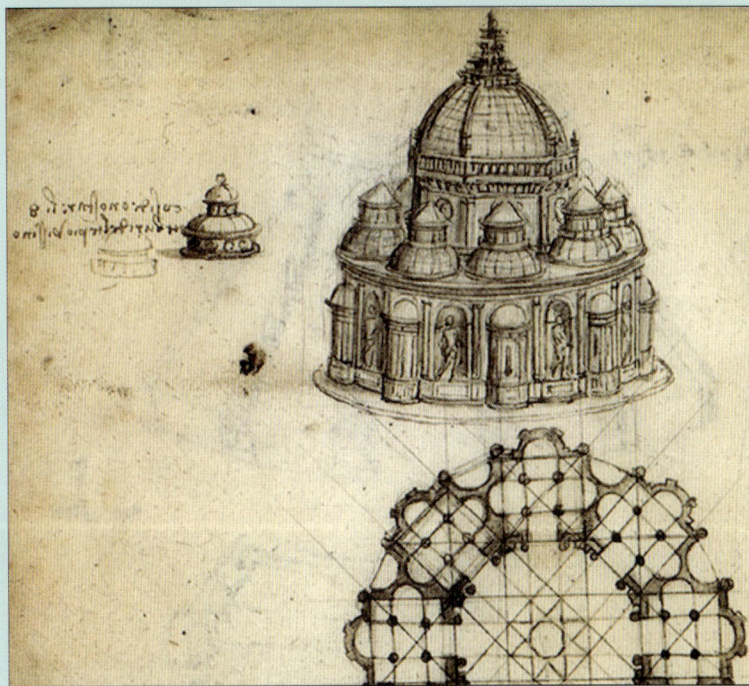

图11-42 建筑设计手稿

11.4.2 设计透视的特点

透视学在设计上的应用，要符合设计自身的属性，基本上有如下几个特点。

（1）专业针对性

在设计中透视不仅仅是表现空间关系的原则，而且在设计过程中或最后的效果图展示中，它都具有针对性，因为它所表达的是物体在空间中的造型、材质、色彩、风格氛围等属性特征。

（2）客观真实性

这个特点要求对表现物的说明要做到直观、准确、真实地反映客观事物。所表现事物不允许发生透视变形、失真，避免凭主观想法应用透视原则。

（3）科学合理性

与一般注重情感表达的绘画不同，设计透视并不是以表达情感为主要目的的，它所表现的形象要求把科学的真实性和合理性放在首位。

（4）工具制图性

不同于一般绘画对辅助工具的摒弃，设计透视追求图面的准确，要求尽可能地使用辅助工具制图。

（5）理念前瞻性

与大部分绘画不同，设计透视表现的是不存在的物品，是某一时刻设计师思想的凝固，因此它具有前瞻性，要求设计师思路清晰。

11.5 透视对于设计的意义

透视学作为研究型学科，在应用领域是具有广泛的推动作用的。它对设计的产生和发展具有决定性意义。

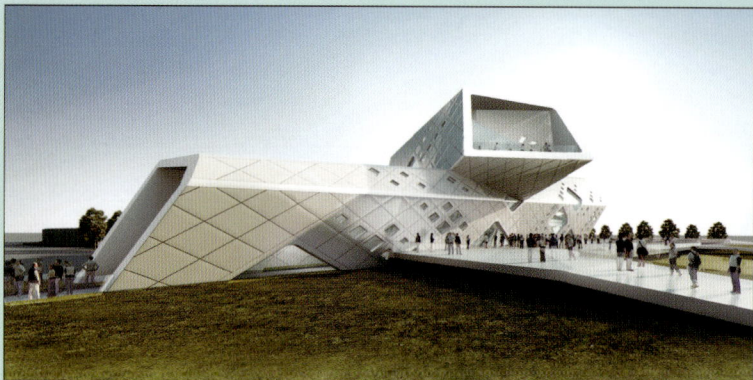
图11-43 建筑单体效果图

图11-44 规划效果图

图11-45 工业产品效果图

① 有助于设计概念的真实表现，在视觉上对设计进行预先输出。

应用透视既可以在进行设计的过程中对设计成果进行合理矫正，从而能方便与人沟通，为设计反馈提供平台（图11-43至图11-45）。

② 有助于立体空间感的养成。通过对透视的深入了解，会对视觉现象有正确的理解，长期反复的正确视觉经验，会对人感受空间的能力产生潜移默化的影响，使其对空间的感受更加敏感。

③ 有助于消除视觉特性对设计的不利影响。通过对透视的深入了解，我们可以掌握很多视觉特性，这些视觉特性在设计过程中很容易对结果产生不利影响，我们对这些特性了解的越深刻，就越有可能避免设计中出现视觉缺陷。

④ 有助于制作图纸，便于我们实施设计方案更精确。透视是精准制图的基础，如轴测图和定点法中的三视图与透视图的转换就是以透视原理作为基础的。正是这些制图方式的广泛应用才使得复杂的设计得以更准确的实现（图11-46）。

11.6 透视与未来设计的发展

透视对设计发展的影响主要体现在两个方面：一方面是透视对设计教育的影响；另一方面是设计与透视发展的相互影响。

由于透视是视觉现象产生的基本原理，所以一切和视觉有关的创造活动都不可避免地与透视产生关联。透视也是设计最为重要的基础，随着设计行业的发展，设计教育对于透视的重视程度也必将与日俱增。未来透视课程也必将更加微观，更具针对性，与实践的结合更紧密。

透视的发展经历了由模糊到清晰再到模糊的反复过程，这也正是由感性到理性再到有意识实践的过程。但为什么会产生后期的反透视实践成果呢？有什么样的实践就有什么样的成果，究其根本，是因为不同时期中人们思想和对世界认识的变化不同而造成的。人们因为观念的改变而产生不同感受，这正是透视发展的动力。

图11-46 国外透视图

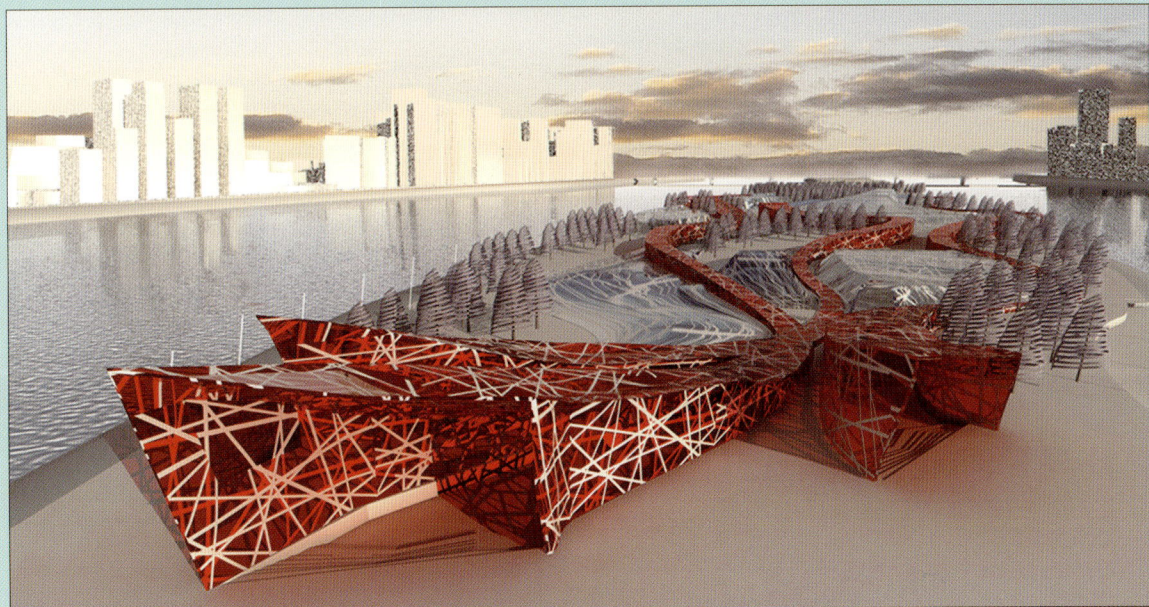

图11-47 景观设计概念方案（一）

未来设计的发展必将和透视的发展相辅相成，这些都与人类对世界认识的不断加深，人类生存、生活观念的变化有着密切关联。究竟未来的透视会走向何方？我想不会有一个标准答案，但通过对透视系统的学习，我们每个人都可以去思考，去探索透视的未来（图11-47至图11-48）。

图11-48 景观设计概念方案（二）

复习与思考

1. 莫兰迪与夏加尔的静物绘画有什么异同？
2. 归纳印象派在透视上的探索。
3. 透视对构图有什么影响？
4. 什么是设计透视？
5. 设计透视的特点是什么？

后 记

　　"透视学"作为一门具有完整体系和悠久历史的学科，它的作用如今已在我们生活之中随处可见。但由于我们传统认识中的"架上艺术"走向衰落，"透视"的发展也逐步停滞。如何能使这样重要的学科重新走上发展的道路，适应当代设计与艺术的发展，成为一个棘手而又容易被忽略的问题。这似乎成了每一个受益于"透视"的从业者发自内心的思辨课题，既是机遇也是责任。毫无疑问，"透视"的发展依然会继续，但如何能适应甚至引领其他相关学科的发展，将是研究透视学主要目的。在这个过程中透视的学科体系会逐渐细分来适应不同学科的需求，从更具体、更微观的角度去探讨，达到准确应用的结果。

　　笔者在此书中试图从便于掌握理解的角度对某些章节的讲解深度进行了控制，以简单的方式对问题进行探讨，也许部分读者会觉得不尽人意。但书中列举了大量个人亲身经历的案例和平时网上收集的资料，对讲解进行了补充。并在详细参阅思索前人经验的基础上，诚惶诚恐地完成了本书的写作。由于笔者文笔有限，图文的缺陷在所难免，还望各位老师，同行斧正。不敢奢望尽善尽美只求抛砖引玉，能激发大家对"透视"的关注就是极好了。

　　借此机会，特别感谢为此书付出自己辛勤汗水的人们，特别是中国青年出版社的编辑们，你们幕后工作所闪耀的光辉为此书增色良多。愿以此书共勉之。

图书在版编目（CIP）数据

透视学 /滕翔宇主编; 李鹏，王宏火，王一婷编著. — 北京: 中国青年出版社，2013.1（2023.7重印）

中国高等院校"十二五"精品课程规划教材

ISBN 978-7-5153-1416-7

I.①透… II.①滕… ②李… ③王… ④王… III.①透视学－高等学校－教材 IV.①J062

中国版本图书馆CIP数据核字（2013）第008930号

侵权举报电话

全国"扫黄打非"工作小组办公室　　　　中国青年出版社

010-65233456 65212870　　　　　　010-59231565

http://www.shdf.gov.cn　　　　　　　E-mail: editor@cypmedia.com

中国高等院校"十二五"精品课程规划教材

透视学

主　　编：滕翔宇

编　　著：李鹏　王宏火　王一婷

编辑制作：北京中青雄狮数码传媒科技有限公司

责任编辑：郭光　张军

策划编辑：刘洋

助理编辑：马珊珊

书籍设计：六面体书籍设计　唐棣　郭广建

出版发行：中国青年出版社

社　　址：北京市东城区东四十二条21号

网　　址：www.cyp.com.cn

电　　话：010- 59231565

传　　真：010-59231381

印　　刷：天津旭非印刷有限公司

规　　格：787mm×1092mm　1/16

印　　张：11

字　　数：181千字

版　　次：2013年2月北京第1版

印　　次：2023年7月第11次印刷

书　　号：ISBN 978-7-5153-1416-7

定　　价：46.90元

如有印装质量问题，请与本社联系调换

电话: 010-59231565

读者来信: reader@cypmedia.com

投稿邮箱: author@cypmedia.com

如有其他问题请访问我们的网站: http://www.cypmedia.com